JN013791

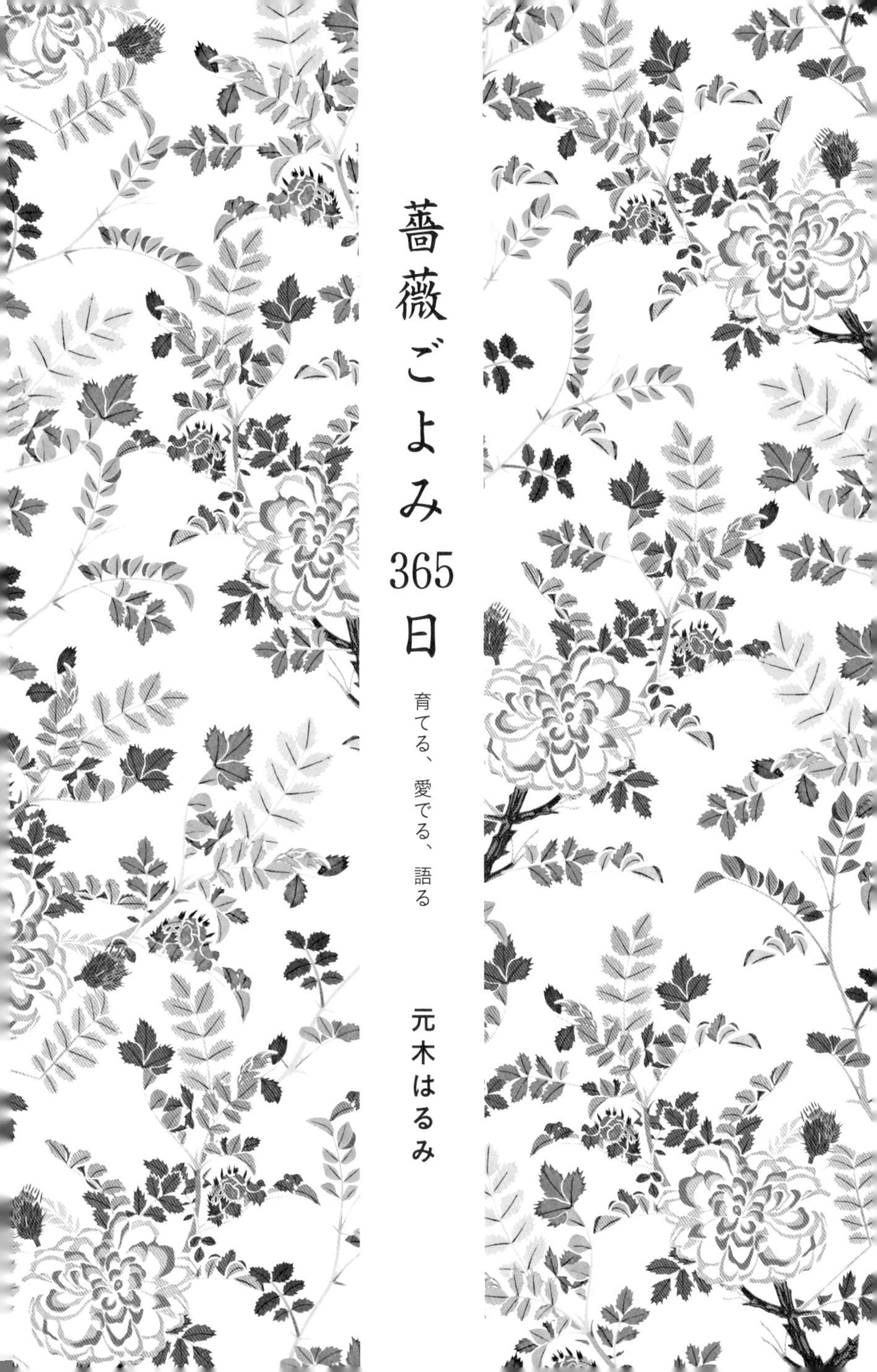

薔薇ごよみ365日

育てる、愛でる、語る

元木はるみ

はじめに

バラは、人々の様々な思いと共に存在します。
毎日育てている人にとっては、子供や妻、恋人にも匹敵するくらい大切な場合もあることでしょう。

また、育ててはいないけれど、店で購入した切り花のバラを飾って、愛おしみ、心を潤してくれる大切な存在となっていることもあります。

さらに、普段はあまりバラとの接点は無くても、晴れの日や、それとは真逆の哀しいお別れの儀式の日にもバラの花が利用され、その時々の人々の心にバラは映ってきました。

また、花ばかりではなく、鋭い棘や葉、茎、蕾、香り等、バラを構成する様々な部分にも、人々の関心や思いが向けられてきました。

バラほど、永い間に渡って、人々の様々な思いと共に存在する植物は他にないのではないでしょうか。

私は、そんなバラと暮らし始めて、かれこれ35年以上が経ちました。

その間、人並みに様々な苦楽を体験し、困難な出来事にも遭遇しましたが、傍らに佇むバラの存在に、どれだけ助けられたことでしょう。

芽吹きの時期のエネルギーに満ちたバラに元気をもらい、色付く蕾に心ときめき、満開の花に心酔し、豪雨や猛暑の過酷な自然環境の中でも負けない姿に勇気をもらい、1年1年をバラに励まされながら過ごして来たように思います。

時には、凍えるような冬の寒さの中での誘引作業や、猛暑の中での水やり、また棘による痛み等、嫌で大変なこともありますが、立ち向かう強さを鍛えてくれたのもバラであることは間違いありません。

また、バラから広がる関心や楽しみ、さらにそこから広がるご縁は、人生においてかけがえのない宝物となっています。

嫁ぎ先の主人の祖母が育てていたバラとの出会いから始まった私の「バラのある暮らし」は、20代の若かりし頃から、現在まで続いていて、まさに1年間の毎日365日がバラとの日々の積み重ねです。

バラは、私にとりまして、多くのことを教えてくれた存在であり、人生の大半を共に過ごしてきた家族のような存在です。

この本を手に取って下さった皆様が、少しでも明るく前向きに、日々を重ねて行って下さることを願っております。そして、バラの花のような美しい笑顔の人生をお送り頂きたいと思います。

バラとの365日を、どうぞお楽しみ下さい。

元木はるみ

ROSA

表記について

・園芸品種は' '内に品種名を記しています。

・( )内にはバラの系統を記しています。

・品種名はカタカナ、和名は漢字で記しています。

・品種紹介のページは、日付と開花時期が一致するわけではありません。

・バラを飲食等に使用する際、稀にアレルギー症状が出る場合があります。
ご自身の責任管理のもとご使用ください。

1月

1日

お正月アレンジ

ここ数年の冬は暖冬傾向にありますので、1月でも少しだけバラが咲いてしまうことがあります。

お正月には、そんなバラたちを飾って、新年を迎えることにしています。'マリア・テレジア'(F)と、お店で買ってきたお花たちを、お菓子が入っていたかごに吸水スポンジを入れてアレンジしました。松と迎春の文字が書かれた扇があるだけで、お正月らしさがアップします。

1月

2日

バラなます

　お正月のおめでたいお料理として定番の「紅白なます」をローズ・ビネガーで作れば、食卓がさらに華やかになり、新年のスタートもバラと共に晴れやかな気持ちで迎えられることでしょう。

【材料】

・大根 … 350g
・人参 … 150g
・ローズ・ビネガー（p.92）… 200mℓ
・塩 … 少々

【作り方】

❶大根と人参は、皮をむき千切りする。

❷大きめのボウルにざるを重ね、ざるに①を入れる。

❸②に塩を少々ふり、手で揉んで水分を出す。軽く絞り、密封容器に移す。

❹③にローズ・ビネガーを加えてよく混ぜ合わせ、約1日漬けて出来上がり。

1月

3日

ジャルディニエール

ジャルディニエールとは、装飾された植木鉢をさすフランス語です。こちらは、19世紀後半のものだそうです。

植木鉢ではありますが、私はよく吸水スポンジを入れて、庭で摘んだバラを生けて花器として室内に飾って楽しんでいます。こちらのジャルディニエールの装飾は、まさにバラであり、それだけでここにバラを生けてみたいという気持ちが高まります。このような年代を重ねたアンティークの花器には、やはり、オールドローズや、クラシカルな花形のバラが似合うように思います。

1月

4日

エッグ・コドラー

　こちらは、イギリスのロイヤル・ウースター社のアンティーク「エッグ・コドラー」（egg coddler）です。直訳すると、「卵を過度に甘やかす」ですが、coddled egg は、「半熟卵」という意味ですので、半熟卵を作るための器ということです。器の中側にオリーブオイルやバターを塗って、生卵を割り入れて蓋を閉め、お湯を張った鍋に器ごと入れて10分間ほど蒸すと半熟卵が出来上がります。

　私は、茹でたホウレンソウとハム、チーズ、オリーブ、そして溶いた生卵を入れて作るのが好きですが、初めて作った際、器の内側に何も塗らなかったせいで、後のお掃除が大変になったことがあります。蓋つきの器として、少量の温かいスープやシチューを入れても美味しく頂けます。また、ジャム容器としても利用できます。アンティークですので、現在はこの形の器に出会える機会が少なくなってしまいました。こちらのバラの絵が描かれた器は10年以上前に見つけたものですが、今となっては宝物になりました。

1月

5日

バラに恋した証

1990年代、イングリッシュローズが、当時の日本総代理店ローズ・オブ・ローゼス社から、初めて日本に紹介されました。

今まで自分たちが知っていた剣弁高芯咲きのキリっと上を向いたバラの姿とは違い、うつむき気味に咲き、繊細な花色、優美な花型、どこか儚げでありながら優雅さを纏った姿。今まで見たことのない……というよりは、今までバラに関して感じたことのない感動的な思いがこみ上げるような出会いでもありました。

写真は、毎年発表される新品種のイングリッシュローズの美しい写真が掲載されている、日本でのカタログです。何度このカタログのページをめくっては、夢のような世界へ没頭したことか……。一生懸命、品種を選んだ記憶や、美しく植栽されたガーデンの写真、アレンジメントの写真がどれだけ参考になったことか……。

ボロボロになったページが物語るのは、夢中でバラに恋をした証だと思いました。

1月

6日

ギルガメシュ叙事詩

バラが人によって記述された最古のものは、紀元前1300～1200年頃に、メソポタミアで、シュメール人によって粘土板に楔形文字で刻まれた『ギルガメシュ叙事詩』(紀元前2500年頃成立)と言われています。そこにはなんと書かれているかというと、「この草の刺(とげ)は、バラのようにお前の手を刺すだろう。お前の手がこの草を得るならば、お前は永遠の生命を得るのだ」だそうで、この1節の中に記された「バラ」は、棘があり強い香りのある植物をさす言葉「amur dinnu」が使用されています。

本当にバラをさしているのか、または、バラ以外で棘のある強い香りの植物をさしているのか定かではないようですが、古代から人々は「棘」を注視していたことが解ります。

『ギルガメシュ叙事詩』は、実在したといわれるウルクのギルガメシュ王が、最初はライバルで後に親友となったエンキドゥと共に冒険し、エンキドゥ亡き後は永遠の命を求めて旅する英雄叙事詩であり、その人間味のある物語は人類最古の神話(文学作品)と言われています。

1月

7日

ガーデンエンジェル

庭のフォーカルポイントにもなるガーデンエンジェル。四季を通して、庭のバラたちをいつも見守ってくれています。たくさん咲いたら、バラで飾ってあげましょう。

1月

8日

バラ色のスカーフ

バラ染めしたバラ色のスカーフは、身に着けているだけで、とっても幸せな気持ちになれるのです。バラを纏っているかのような、そんな気持ちになれるからだと思います。こうして置くと、まるで本物のバラのようです。

1月

9日

バラの帯

黒地の名古屋帯のお太鼓の部分を埋め尽くすようなバラの刺繍。まるで満開時を見ているかのように、大変華やかです。よく見るとひとつひとつの花弁がグラデーションになっており、細かい手作業に頭が下がります。

バラの絵柄の着物は、明治以後の四季咲き性の洋バラの流入から、春のみでなく、四季を通して着用できるようになったと言われています。こんなにたくさんのバラが刺繍されていますので、「晴れの日」の帯として、特別な日に華を添えてくれることでしょう。

1月

10日

椿の花

椿は、『日本書紀』にも登場し、古来より日本に存在した花だそうですが、17世紀頃に西洋に伝わると、花の無い冬の時期に美しい花を咲かせることから「ウィンターローズ」と呼ばれ、常緑で艶のある葉と共に大変人気となったそうです。

英名「カメリア」は、ヨーロッパに椿の木を持ち帰ったボヘミア王国(現在のチェコ)出身の宣教師で植物学者であったゲオルク・ヨーゼフ・カメル(1661年4月21日 – 1706年5月2日)に因んで付けられたとのことです。

1月

11日

モロッコのシルバーポット

モロッコの雑貨を取り扱う日本のお店で見つけたこちらの透かし模様のあるシルバーポットは、大きめのポプリポットとして使用しています。

アフリカ大陸北西部に位置するモロッコはバラの栽培が盛んで、世界4大バラ生産地のひとつとも言われています。モロッコで最もバラの栽培が盛んな地は、「バラの谷」(La Vallée des Roses)と呼ばれるケアラ・ムゴナ(Kelâat M'Gouna)という小さな村です。ローズウォーターをはじめ、エッセンシャルオイルは化粧品等に加工され、様々なバラ製品が作られています。

アフリカとヨーロッパの文化が交錯するエキゾチックな地モロッコに咲くバラを、いつか見てみたいと思っています。

1月

12日

フローラル・スワン

陶器で出来た「フローラル・スワン」の置き物は、熟練の職人さんの手でひとつひとつ手作りされたものです。

こちらはティータイム等に、テーブル上のアイキャッチになり、何か話題に困った時のトーキング・グッズとして活躍してくれます。また、テーブルに飾る生花が無い時にも、陶器の美しい花々が代役を務めてくれますので、持っているととても便利です。

白鳥は、優雅な白い羽を持つことから「美」「気品」「純真」、また生涯同じパートナーと添い遂げることから「永遠の愛」の象徴とされておりますので、白鳥の置き物は結婚のお祝いのプレゼントにも最適だと言われています。

1月

13日

ピース

1940年、第二次世界大戦下においてフランスはドイツに降伏し、バラの種苗会社メイアン社が本拠を構えるリヨンの街は、1941年11月、ナチスの占領下に置かれようとしていました。そんな時、メイアン社のフランシス・メイアンは、リヨンのアメリカ総領事ウィットギル氏から「私はアメリカに帰国しなければいけない。500gまでの小包なら持って行こう」という1本の電話を受け取ります。フランシスは、「3－35－40」と表書きした小包をウィットギル氏に託しました。中身は、フランシスが作出したバラの苗でした。また、フランシスはアメリカのみでなく、もしもの時に備えて、敵国であるドイツや、イタリアにもこのバラの苗を送っていました。

フランシスはそのバラを早くに亡くなった母アントワーヌに捧げることを決め、'マダム・アントワーヌ・メイアン'と名付けて1942年に発表したのでした。照葉で、見たことのない黄色とピンクの複色の美しい大輪の花を咲かせるバラでした。

その後、アメリカに渡った「3－35－40」の苗は、フランシスの友人コンラッド・パイル社のロバート・パイルの手元に届き大切に育てられ、1945年4月29日、全米バラ園芸協会によって名前がつけられようとしていました。まさにその時、ベルリン陥落のニュースが飛び込み、アメリカ中が歓喜に沸き、平和を願いそのバラの名は'ピース'と命名されました。

サンフランシスコで行われた国際連合設立の世界会議では、49人の各国代表の部屋に、「このバラはベルリン陥落の日に、パサディナで開かれた太平洋バラ会議で'ピース'と命名されました。私共はこの'ピース'が世界の恒久平和を願う人々の想いに役立って欲しいと念じております。」と記されたメッセージと共に、1本ずつ'ピース'の切り花が届けられたそうです。

また、敵国ドイツとイタリアに送り一時消息不明になっていた苗も、それぞれの国で大切に育てられ、ドイツでは'グロリア・ダイ'(神の栄光)、イタリアでは'ジョイア'(歓喜)と命名され、どちらも人気を得ていました。

'ピース'はアメリカ名、'マダム・アントワーヌ・メイアン'はフランス名、'グロリア・ダイ'はドイツ名、'ジョイア'はイタリア名と、4つの名前を持つバラになりましたが、その時々の人々がこの花への想いを込めた結果、そうなったことが伝わってきます。

ピース（HT）　別名　マダム・アントワーヌ・メイアン、グロリア・ダイ、ジョイア　1945年　フランス　フランシス・メイアン作出　四季咲き性

1月

14日

日本へのピース

後に「ミスター・ローズ」と呼ばれ、京成バラ園芸所長、また日本を代表するバラの育種家となった鈴木省三氏（1913年5月23日 - 2000年1月20日）は、1948年、第二次世界大戦下の東京空襲で焼け残った東京のビルの一角で、バラ展を開催しました。

戦前まで日本では「文明の花」と謳われたバラは、戦中は「敵国の花」と呼ばれ、栽培も出来ないような状態でした。敗戦からわずか3年後に開催されたバラ展は、平和を取り戻した象徴として各新聞紙上に取り上げられました。このバラ展には、アメリカからサンフランシスコ・バラ会の会員が来訪し、会場のバラを賞賛しましたが、最後に「残念なことに、ここには‘ピース’がない」と告げると、翌年のバラ展には、‘ピース’を届けることを約束し帰国しました。そして翌年、まだ民間の航空輸送機がない中で、約束を守り‘ピース’を軍の輸送機で日本のバラ展に届けたそうです。

覆輪の入る花弁、輝くような花姿は、大きな驚きと賞賛で迎えられ、大人気を博しました。当時の大卒の銀行員の初任給が3000円だったのに対し、‘ピース’は1本で6000 ～ 10000円で販売されたといいます。

1月

15日

オールドノリタケ

陶磁器産業が、かつて明治政府の国策として、輸出産業の柱とされていた時代がありました。そんな明治中期から第二次世界大戦期にかけて、日本の森村組と日本陶器（現・株式会社ノリタケカンパニーリミテド）が製造販売した陶磁器は、高級陶磁器を作っていたドイツのドレスデンの影響を受けながら、日本独自のデザインや技法を用いて作られていました。

また、アメリカに販売拠点モリムラブラザーズを置き、現地で得られた欧米の顧客ニーズ情報をいち早く取り入れながら、新しいデザインの陶磁器を次々と生み出していきました。それらの陶磁器は、1970年代に、アメリカの収集家たちによって「オールドノリタケ」と呼ばれるようになり、現在も世界中で人気を博しています。私もこれまで、バラが描かれた「オールドノリタケ」を、少しずつですが集めてきました。写真はアールヌーヴォーのフォルムに美しいバラが描かれ、優雅な金彩が施された一輪挿しです。キラキラと陽が当たって出来る陰影を見ていると、近代産業の興隆から戦争を経て今に至る、時の流れの移ろいが重なって見えてきました。

ジュビレ・ドゥ・プリンス・ドゥ・モナコ　(F) 2000年　フランス　Meilland作出　四季咲き性

1月

16日

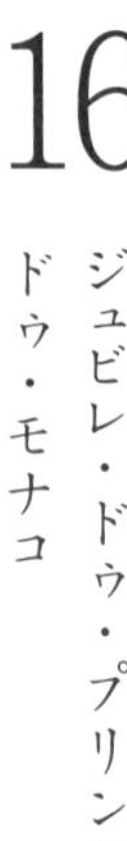
ジュビレ・ドゥ・プリンス・ドゥ・モナコ

前モナコ公国元首レーニエ3世の御在位50周年（ゴールデンジュビリー）を記念し、モナコ国旗の赤と白の色を持つこちらのバラが選ばれ命名されました。ちなみに、レーニエ3世は、妃にハリウッドの人気女優であったグレース・ケリーを迎えています。

白地の花弁の縁に、太く赤い覆輪が鮮明に入り、色のコントラストが目を引くとても美しい花を咲かせます。葉も濃い緑の照り葉で、花を引き立てています。花付きも良く、秋にもたくさんの花を咲かせます。

1月

17日

宝塚のバラ

1914 年に設立された100年以上の歴史を誇る宝塚歌劇団。その劇場のエントランスホールに敷かれた絨毯です。煌びやかな夢の世界に誘われ、劇場に一歩足を踏み入れると、この雅な絨毯のバラたちが出迎えてくれます。

赤い絨毯に描かれたたくさんのバラたち、そこを通るだけで高揚感に包まれ、すでに夢の世界が広がっていくようです。このバラの絨毯は、現実と夢の世界の架け橋のよう。今まで、何人の観客たちを夢の世界に誘ってきたことでしょう。

1月

18日

ラデュレの金平糖

ライチ、ローズ、フランボワーズの3つの味わいを楽しめる、ラデュレの日本限定発売の金平糖「イスパハン」を、プレゼントで頂きました。それぞれの香りや味わいを楽しむのも美味しいのですが、3種類の金平糖を1～2粒ずつ合わせて頂くと、口の中で、あのラデュレのケーキ「イスパハン」の味わいになるのです。これは、感動の美味しさでした。

イスパハンは、イランの都市名イスファハン（エスファハーン）のことであり、ダマスクローズの栽培が盛んに行われる、ローズ・ウォーターやローズ・エッセンシャルオイル等の名産地です。その地の名前を品種名に冠したダマスクローズの‘イスパハン’は、ダマスクの香り豊かな美しいピンクの花を咲かせます。

1月

19日

バラの意匠

私はバラが好きなのでつい選んでしまうのか、自宅にはバラが描かれたものがたくさんあることに気付きます。

それにしても、植物の一つに過ぎないバラが、デザインとして、意匠として、様々なものに採用されていることを考えると、いかにバラが人々に好かれ、生活の中に自然に溶け込んでいるかということがわかります。

時々、「バラは好きだけれど、本物のバラは、棘があって育てるのも難しそうだから……」と仰る方がおられます。あまりに、本物以外のバラが世の中に溢れ過ぎて、身近になり過ぎてしまったのでしょうか。そして、「バラ」という植物本来の魅力が置き去りになってしまったということでしょうか……。また、面倒なことを避ける風潮も最近の世の中では広がりつつあるように思います。

それでも、生きたバラ本来の魅力に触れることは、本物以外のバラに向き合う時に、大いに役立つことと信じています。

1月

20日

様々な誘引

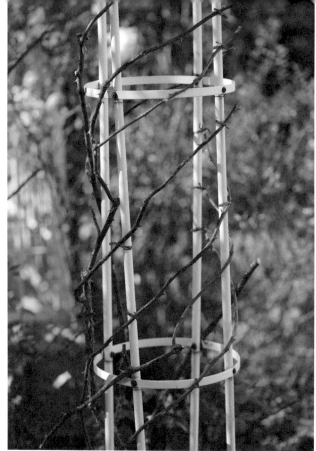

1月中、まだ枝が柔らかく曲げやすいうちに行うのが誘引作業です。特に、つる性のバラ(野生種、ランブラー・ローズ、クライミング・ローズ、ノワゼット・ローズ、ハイブリッド・ムスク・ローズ、シュラブ・ローズ等)に行います。生育が旺盛なそれらのバラたちは、1年も経つと枝が伸びて大きく暴れてしまいます。冬の間に枝を誘引し、次の年の春にたくさん花を咲かせるようにしておきます。誘引は、バラを立体的に見せることが可能になり、空間演出に最適です。

作業は大変ではありますが、冬の誘引の仕立てによって美しい庭の風景が出来上がりますので、がんばりましょう。

1月
21日
初めて購入した絵画

今から約38年前初めて購入した絵画（油絵）です。

あの時、なぜこちらを選んだのか記憶が定かではありませんが、数枚の中から、心惹かれた作品がこちらの1枚だったのだと思います。

奥の森に繋がる小道沿いのレンガの塀に、枝垂れて咲く満開のピンクのツルバラや、色とりどりの宿根草……。画家のサインはあるものの、誰なのか、どこの風景なのかも知りませんし、全く気にもしませんでした。まだガーデニングを始める前に選んだ絵画ですが、もしかしたら潜在的に、このような風景が好きだったのかもしれないと、今になって気が付くことが出来ました。

1月

22日

プレゼントになるバラの本

以前、フランスの原書を日本語に翻訳した『ちいさな手のひら事典　バラ』（ミシェル・ボーヴェ著、ダコスタ吉村花子訳／グラフィック社）の監修をさせて頂きました。こちらの本と出合ったのは、すでに日本国内でも翻訳版がシリーズ化されていた『ねこ』『きのこ』『天使』『とり』を出版社さんから送って頂いたのがきっかけでした。手のひらにちょうどしっくりなじむ大きさですが、分厚い表紙に三方金と、なんと贅沢な作りなのかと感激したのを覚えています。

表紙も中味も、今まで国内では見たことのない、お洒落で可愛らしい作りです。そして、まだ日本では知られていないフランスやヨーロッパに伝わるバラに関するお話がたくさん掲載されています。また内容ごとの貴重なアンティーク・クロモカードも、フランスらしい演出です。フランスのエスプリが詰まったバラの本は、プレゼントにも最適かと思います。

1月
23日
旧古河庭園

東京・北区の旧古河庭園は、1919年に古河財閥の古河虎之助男爵の邸宅として建てられました。設計は、国内にたくさんの名建築を残したイギリス人建築家ジョサイア・コンドル氏で、洋館の外観はスコティッシュ・バロニアル様式です。洋館南側には洋風庭園が広がり、斜面を利用したイタリア式庭園となっています。バラが植栽され、約100品種、199株のバラを見ることができます。斜面の下部は、京都の造園家・七代目小川治兵衛が作った日本庭園が広がり、「心」の文字を崩した形の「心字池」を中心に、池泉回遊式庭園となっています。

毎年、春と秋には、「バラフェスティバル」が開催され、都内のバラの名所として、大勢の見学者で賑わいます。

ラプソディー・イン・ブルー（S） 1999年 イギリス Cowlishaw作出 四季咲き性

1月

24日

ラプソディー・イン・ブルー

中輪セミダブル咲きの濃い紫色の花弁にフラッシュのような白が入り、中央のシベとの色合いがマッチし、スパイシーな香りと、このバラの登場時には、大変注目を集めました。モダンな雰囲気ですので、現代的な庭づくりに重宝するバラです。

花名は、1924年にアメリカ人作曲家ジョージ・ガーシュウィンが作曲した「ラプソディー・イン・ブルー」にちなみます。曲名の「ブルー」は、「ブルース調の」という意味もあるのだそうです。オーケストラでブルース調の音楽を奏でることは、当時としては珍しく、「モダン」な芸術音楽としての側面があったことと思います。それを考えると、花名はますますぴったりと思えてきます。

ブルー・フォー・ユー（S）2006年　イギリス　Peter J. James作出　四季咲き性

1月

25日

ブルー・フォー・ユー

　花弁の底に白を残してピンクを乗せた紫の中輪セミダブル咲きの花弁は、徐々に青みがかった紫となり、やがてモーヴがかり、白色へと変化して行きます。花は房咲きで、一房の中に、それらの色が混ざり合う姿は、クールで美しく、見応えがあります。中央の金色に見えるシベとの色合いもマッチし、モダンな印象です。ブルー香とスパイシー香が混ざり合う香りも、甘過ぎず魅力的です。こちらのバラが発表された当時は、花色等の新規性が大きな話題となり大注目されました。今でも咲いている姿を見ると、その美しさに見とれてしまいます。

1月
26日
なぜ、棘があるのか

バラには様々な棘がありますが、そもそもなぜ棘があるのでしょうか？　バラは大古の時代から地球上に存在し、草食動物に自身の枝を食べられないよう、身を守るためだったといわれています。また、伸びたバラの枝が這い上がれるように、棘がフックの役目をするためともいわれています。

ギリシャ神話ではこんなエピソードがあります。エロスが母親のアフロディーテにバラをプレゼントしようと野原で摘んでいる時に、悪戯な蜜蜂がバラの中から急に現れて、エロスの唇を刺してしまいます。怒ったアフロディーテは、蜜蜂を集めてエロスを刺した者は名乗り出るように言いますが、蜜蜂の羽音がうるさくて、アフロディーテもエロスも、どの蜜蜂が名乗り出たのか解らずに、アフロディーテは蜜蜂たちを全て捕えて、エロスの弓に数珠つなぎにしてしまいました。そして蜜蜂の針を抜き、かたっぱしからバラの幹に植え付けてしまったとのことです。

1月
27日
棘にまつわる格言

世界中で多くの格言に登場するバラですが、“棘”にまつわる格言も少なくありません。日本でも有名なのは、「美しい花には棘がある」でしょうか。これは、「美しい人だけれども、態度が高慢だったり、気難しく、接する人が神経を使ったり、傷付くことがある」など、美しいものには代償や厄介ごとが付きものだということを表しています。また、「棘の無いバラは無い」は、「世の中には良いことばかりはあり得ない」という、人生は楽しく幸せなことばかりでなく、辛く苦しいこともあるということを表しています。

どちらの格言からも、“棘”は、「厄介ごと」や、「辛く苦しいこと」の象徴になっていることが解ります。

1月

28日

ウィンザー城のピンク色

ガーデニングやティータイムを愛する国として憧れのイギリスですが、ロイヤル・ファミリーに関するグッズも多く販売され、そのクオリティーとデザインの素晴らしさは、日本のファンからも多くの人気を集めています。こちらは、惜しまれながらも2022年9月8日、96歳で亡くなられたエリザベス2世女王陛下の、95歳のお誕生日をお祝いして販売されたアニバーサリーのティーとクッキー缶、ティー・タオルです。紋章と一緒に描かれているバラは、女王陛下のお住まいであったウィンザー城のガーデンに咲いたピンクのバラだそうです。

現在、エリザベス2世女王は、先に亡くなられた夫のフィリップ殿下と共に、ウィンザー城内にあるセント・ジョージ礼拝堂に埋葬されています。お亡くなりになられてから月日はあっという間に過ぎ去ってしまいましたが、フィリップ殿下とお過ごしになられたウィンザー城のピンクのバラは、形を変えていつまでも咲き続けています。

1月
29日
ガーデンの植栽プランニング

ガーデンの植栽プランニングを考える時、いつも頭の中にあるのが「色相環」です。色相環の正反対にあたる色を「補色」と言います。補色同士や、隣の色との組み合わせだと、なぜか嫌な感じがしないのです。イギリス等のバラの庭園に行くと、まさに補色の植物を上手く活用している事例を、たくさん目にします。

私も自分の庭づくりの際には、バラの近くに補色や、補色に近い植物を植えるようにしています。この組み合わせはお互いの色を引き立て合い、気持ち良く見ていられるのです。

また、「色相環」の隣の色は、グラデーションを作りますので、優しい表情の庭づくりに活用することが出来ます。

1月

30日

ポンペイの壁画

こちらは、ポンペイに旅行で訪れた時に、お土産屋さんで購入した絵葉書です。ローマ時代、「黄金の腕輪の家」と呼ばれる上流階級のドムス（家）から出土したフレスコ画の壁画の一部分です。赤いバラは、蕾、咲きはじめ、満開と描き分けられ、枝には無数の棘があり、現代と全く同じように、支柱に結束誘引されています。支柱の先端にとまった小鳥も、くちばしを上に向けて、生き生きとした表情です。こちらに描かれたバラは、'ロサ・ガリカ・オフィキナリス'（G）と言われ、約2000年前の壁画にもこうして描かれていることから、その時代にすでに存在していたことがわかります。

1月

31日

リウィアの別荘

もしイタリア旅行に行かれるのなら、ぜひバラ好きさんに訪ねて頂きたい場所があります。《リウィアの別荘の食堂の間》が展示されている、ローマ国立博物館マッシモ宮です。

四方をぐるりと囲むようにフレスコ画が展示された一室に足を踏み入れた瞬間の感動は、今でも忘れられません。

こちらの壁画は、初代ローマ皇帝アウグストゥスの妻リウィア・ドルシッラの別荘の食堂の間を飾る壁画です。その別荘は、リウィアの実家があるローマ郊外、フラミニア街道北ティベリス川を見下ろす高台プリマ・ポルタにありました。

まるで現代アートにも見える約2000年前の壁画の中には、植物が23品種、鳥は69品種が写実的に描かれ、ザクロやカリン、サクランボ等の季節の異なる果実が一堂に会し、たわわに実った様子が描かれています。様々な小鳥たちが飛び交い、まるで、理想郷のような風景です。食べるものに困らない豊かで幸せな世界が表現され、見ているこちらまで、幸せな気持ちになることが出来ました。

2000年前の壁画から時を超えて、幸せな感覚がもたらされたことこそ、素晴らしい経験となりました。そしてこの美しい理想郷の世界にバラが描かれていることも、やはりとても嬉しく感じました。描かれたバラは、ロサ・ガリカ・オフィキナリス・ベルシコロール（別名：ロサ・ムンディ）ではないかと言われています。

美しい塀や柵、鳥かご等も描かれていて、当時の庭園の様子等も伝わってきます。

2月

1日

雪の日の庭

朝起きると、庭が一面の銀世界に変わっていました。急な大雪に、まだ冬支度が済んでいないバラたちはびっくりしたことでしょう。折れてしまった枝がないか見回り、雪で重たそうにしている株は雪を払い、と大忙しですが、陽の光がきらきらと雪に反射して、眩しいほど綺麗な光景に、つい手が止まってしまいます。

2月

2日

雪化粧のバラ

白い雪を纏ったバラの花は、とにかく綺麗で見とれてしまいます。

こちらのバラは、花持ちの良い'エメラルド・アイル'ですが、冷たい空気の中で、長くその姿を留めます。ただし、バラの冬支度(冬剪定、植え付け、植え替え、誘引、元肥、鉢の土替え、鉢増し等)は、2月末日までには全て終わらせなければいけません。雪が積もってしまうとなかなか出来なくなってしまう作業ですので、気持ちばかりが焦りますが、雪解けの日を待ちながら、今季最後の冬のバラを楽しみます。

2月
3日
冬の落葉

2月に入り、日に日に落葉が増えてきました。少し物悲しい気もしますが、バラにとって冬の落葉は、春の開花までの大切なプロセスの第1歩なのです。

バラは気温が下がり、落葉が始まると休眠期に入ります。休眠期なら、バラの根を切っても（短くし過ぎはNG）枯れることが無いため、植え替え作業や元肥のすき込み、鉢植えの土替え等、生育期には出来ない作業が可能となるのです。

暖冬などで落葉が進まない場合は、葉を手で取り除き、強制休眠させることも最近では多くなりました。でも本当は、自然に落葉してくれたら一番良いですね。

コウシンバラ　中国　四季咲き性

2月 4日

コウシンバラ

「庚申（こうしん）」は「隔月」の意味で、たびたび花を咲かせることから「コウシンバラ」と呼ばれるようになりました。木立ち性でコンパクトな樹形の細い枝に、濃いピンク色の中輪八重咲きの花を咲かせます。

日本では、905年の『古今和歌集』で「さうび」と記されたものがコウシンバラだと言われています。「さうび」とは、中国の「バラ」の音読みであることから、中国から日本にもたらされたことが推測され、だいぶ古い時代から日本にあったとも考えられます。さらに1000年頃に書かれた『枕草子』や『源氏物語』にも「さうび」の記述が見られ、それらのバラも、コウシンバラではないかと言われています。

そして、藤原氏の氏神である春日神の由来と霊験を描いた鎌倉時代後期1309年の絵巻「春日権現験記」の第5巻第2段にも、藤原氏の庭に植栽されているコウシンバラの絵を見ることが出来ます。

2月

5日

ロザリオ

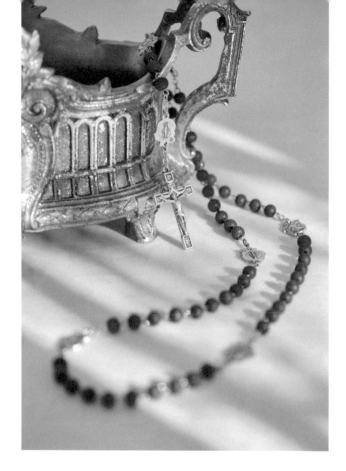

　キリスト教カトリック教会では、聖母マリアとイエスへの祈りを唱える際にロザリオを使用します。聖ドミニコによって「アヴェ・マリア」を150回唱える際に、10回で1連、5連で一環と制定され、「それぞれの祈祷は小さなバラ」であると述べられました。
　元々は、4世紀に教父であるグレゴリオスによって編まれた「小数珠」（花輪）が、祈りの回数を数えるのに使用する日常使いの数珠に変化していったと言われています。
　「珠」は、ドイツで「ローゼンクランツ」と呼ばれ、後のラテン語の「ロサヌム」、そして「ロザリー」「ロザリオ」と変化していきました。バラは、聖母マリアを象徴しています。

2月

6日

ローズヒップティー

自家製のローズヒップティーも作りますが、量には限りがありますので、市販のローズヒップティーも愛飲しています。こちらは、ハイビスカスがブレンドされ、爽やかな酸味と、ルビーレッドと呼ばれる赤い水色がとても綺麗なのが特徴です。

ローズヒップは、レモンの約20倍といわれるほどビタミンCが豊富ですが、ハイビスカスにもビタミンC、他にクエン酸やリンゴ酸、カリウム、アントシアニン等の成分が含まれています。一緒にブレンドしてあることで、美肌効果、疲労回復効果、脂肪燃焼効果、眼精疲労改善効果等の相乗効果が期待出来そうです。

ジェームズ・ミッチェル（M） 1861年 フランス Louis-EUGÉNE-Jules Verdier作出 春の一季咲き性

2月

7日

ジェームズ・ミッチェル

クオーターロゼット咲きの花の中央にボタンアイをのせた愛らしい雰囲気ですが、苔状のモスがオールドローズのクラシカルな雰囲気を強調しています。モスは、正確には「腺毛」で、17世紀の終わり頃に、ケンティフォリア・ローズに突然出現しました。その特性を生かしたモス・ローズの系統は、見た目が個性的で、今でもファンが多いようです。

ケンティフォリア・ローズのように、とても良い香りです。フェンス等に誘引すると、クラシカルで花付きの良いこちらのバラの魅力を存分に楽しめることでしょう。

2月

8日

エバンタイユドール

波打つ花弁に、艶のあるベージュがかったシックな花色のこちらのバラは、茶色の新葉との絶妙な相性で、「金色の扇」の名に相応しい洗練された雰囲気を纏ったモダンローズです。

花持ちが良く、アレンジメントの花材にもぴったりです。育てるのが難しい品種ですので、管理には神経を要しますが、美しく咲いた姿を見ると苦労も報われます。

エバンタイユドール（HT） 2009年 日本 河本純子作出 四季咲き性

2月

9日

アウグスタルイーゼ

大きな花弁がゆっくりと開花し、まるで牡丹のように大きく豪華な花姿に変化していく様はとても感動的です。豊かなティー香とフルーティー香が混ざり合う香りを放ちながら、光沢のあるコーラルピンクの大変美しいバラです。花付き、花持ち、香り、強健性に優れる素晴らしいバラのひとつだと思います。

アウグスタルイーゼ（S）1999年 ドイツ Tantau作出 四季咲き性

2月

10日

ヴィクトリア女王のフィギュリン

こちらはコールポート、ロイヤルブライドシリーズの1990年限定「ヴィクトリア女王結婚150年記念」“Queen Victoria”（デザイナー John Bromley）のレディフィギュリンです。手にはオレンジ色のバラが1輪添えられています。

ヴィクトリア女王の在位は、1837年〜1901年の63年7か月間の長きにわたり、エリザベス2世女王に次ぎ第2位、治世は「ヴィクトリア朝」と呼ばれ、産業革命等でイギリスが最も経済的に繁栄した時代であると言われています。

ヴィクトリア女王は18歳で女王に即位し、その3年後の1840年2月10日、アルバート公と結婚式をあげました。婚礼に際し、従来の伝統にとらわれない白いドレスとフラワークラウンを身に着けて結婚式に臨みました。ティアラの代わりに身に着けたフラワークラウンには柑橘系の果物オレンジの花が採用され、その白い花は純潔の象徴とされました。ドレスは、ロンドンのスピタルフィールズで織られたクリーム色のシルクサテンの生地で作られ、ネックと袖にホニトンレースのひだ飾りが付いています。細いウエストにクリノリンのフルペチコート、レース飾りが美しいこちらのドレスは、以後、現在に至るまでヨーロッパ社会では最もクラシカルなウエディングドレスのシルエットとされています。

2月

11日

明治・大正美人とバラ

こちらは、京都「清水三年坂美術館」を訪れた時に、お土産として購入した葉書です。明治～大正時代に人気のあった芸妓さんの写真かと思われます。まだ幼さの残るあどけない表情の女性が手に持つのは黄色いバラ、もう１枚の写真にも、端にピンク色のバラがあります。

明治維新後、開港と共に西洋から日本に入ってきたモダンローズ。自然に自生する野生種ではなく、交配や培養によって誕生したモダンローズに当時の日本の人々は「文明」を重ねたのでしょうか。そんな最先端で美しいバラを、当時最も人気の高かった美人さんに添えた写真です。

2月

12日

鉢植えのバラ

庭でもバラを鉢植えにして育てた方が良い場合があります。その理由として、初めて育てる品種の樹形や育ち具合を鉢植えで確かめたり、他の植物の近くに地植えするとバラが負けてしまいそうな場所には鉢植えの方が良いケースがあるのです。最初に地植えにしてしまうと、その場所に別のバラを植えようとしても「忌地現象」を起こし、上手く育たなくなってしまいますので、最初に鉢植えにして様子を見ることはとても大切かと思います。

ただし、鉢植えはずっとそのままにしておきますと根が詰まってしまいますので、冬に鉢の土替えや鉢増しを行います。

2月

13日

メサージュ・ド・ローズ

日本で1989年に誕生した「メサージュ・ド・ローズ」のチョコレートは、“愛と美の象徴であるバラの美しさをチョコレートで表現し、メッセージを込めたい”との想いからスタートしたブランドだそうです。バラの花びらを忠実に再現すべく、その形・曲線・厚みなどを追求し、やわらかい口どけを目指して試行錯誤を繰り返し誕生した、見て美しく、味わって美味しいチョコレートです。

プレゼントで頂いたこちらは箱からすでにロマンチックで、開けた瞬間のサプライズ感や、こだわり抜かれた造形美と口に入れた時の味わいの特別感等、心が幸福感に包まれる特別なチョコレートです。

2月
14日
女王のお気に入り

イギリスの老舗であるチョコレート専門店「シャルボネル・エ・ウォーカー」（Charbonnel et Walker）は、イギリス初のチョコレート専門店として1875年に創業を開始しました。当時皇太子であったエドワード7世の招聘を受けて、パリの高級チョコレート店のマダム・シャルボネルとイギリスのミセス・ウォーカーの出会いで誕生し、その2人の名前を合わせたのが名店の由来です。英国王室御用達のチョコレート専門店として、長らくロイヤルメンバーたちに愛されています。

写真はエリザベス2世女王のお気に入りだったという、「ヴァイオレット＆ローズ・クリーム」のチョコレートです。スミレの花の砂糖漬けがのったヴァイオレット・クリームは、爽やかなスミレの香りがチョコレートの中に閉じ込められており、ピンクのバラの砂糖漬けがのっているローズ・クリームは華やかなバラの香りとお味で、どちらもクセになる美味しさです。

2月

15日

冬剪定と元肥、追肥

庭を見回る時はいつも必ず鋏を持って、整枝が必要な枝には鋏を入れます。2月中頃から下旬頃に行う冬の本剪定では、ハイブリッド・ティー・ローズは1/2を、シュラブ・ローズ等は1/3の枝をカットするのが基本です。本葉の上、外芽の位置でカットします。この時、古い葉は全て取り除きます。もしもこの後、剪定した位置からしばらくしても上手く新芽が成長しない場合は、下の外芽の位置で切り戻しを行います。

さらにほぼ同時期に、1年分の栄養として、冬の元肥を施します。完熟堆肥と根に触れても安心な肥料を、株から約30cm離れた場所に円を描くように土にすき込みます。すき込んだら、活力剤を撒いておくとなおよいです。元肥を施した後は、蕾が色付き始める時期まで月に1度、追肥を与えます。追肥は花付きを良くするためのもので、パラパラと撒くものや液肥を利用します。

冬剪定や冬の元肥は、寒い時期に行う作業ですので大変ではありますが、手をかけた分、バラはきっと応えてくれますので、その日を楽しみにしながら頑張りましょう。

王妃アントワネット（HT） 2011年 フランス Meilland作出 四季咲き

2月
16日
王妃アントワネット

濃いウォームピンクの大輪花は、丸弁でティーの香りが微かにします。

池田理代子さんの漫画作品『ベルサイユのばら』は、一部史実に基きフランス革命前から革命前期のベルサイユを舞台に、フランス王妃マリー・アントワネットや男装の麗人オスカル、その他2人を取り巻く様々な登場人物のドラマチックな人生を描き、大人気となりました。

後年には、宝塚歌劇団にて上演される等、社会的ブームとなり、日本でのその人気に応えるかたちで、フランスのメイアン社が、こちらの‘王妃アントワネット’をはじめ、登場人物に因んだバラを作出しました。

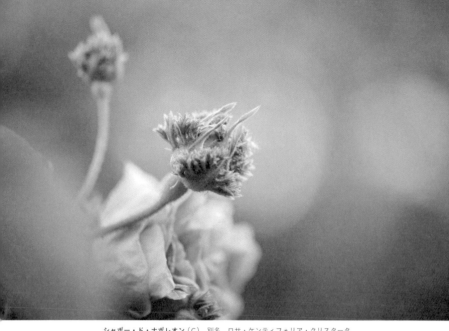

シャポー・ド・ナポレオン（C）　別名　ロサ・ケンティフォリア・クリスタータ
1827年　スイス　Kirche / Kirsch がフリブルグの修道院で発見　春の一季咲き性

2月

17日

シャポー・ド・ナポレオン

名前の通り、蕾の時の形がまさに「ナポレオンの帽子」のように見え、萼には羽毛状の突起があります。花はダマスクの香りが強く、幾重にも重なったケンティフォリア・ローズの美しい花形です。

苔のような突起が生じたモス・ローズの最初の品種ロサ・ケンティフォリア・ムスコーサ（コモン・モス）の枝変わりとされますが、なぜ、萼が羽毛状に変化したのかは不明です。そもそもモス・ローズは、ケンティフォリア・ローズからの枝変わりとされていますが、こちらもなぜ、苔のような突起が生じたのか謎のままです。シャポー・ド・ナポレオンの系統は、モス・ローズに属するのか、ケンティフォリア・ローズに属するのかよく意見が分かれます。大方のモス・ローズは、萼だけでなく茎にも苔状の突起が見られます。シャポー・ド・ナポレオンは、萼のみに羽毛状の突起が見られるという違いがあります。

ロサ・キネンシス・ヴィリディフローラ（Ch）　別名：グリーンローズ、青花（チンホア）
1827年頃　中国　四季咲き性

2月
18日
グリーン・ローズ

まるでグリーンの花が咲いているように見えるこちらのバラは、花弁が退化して無くなり、残ったグリーンの苞葉が八重咲きのように見えることから「グリーン・ローズ」と呼ばれるようになりました。時間が経つと、赤味を帯び、赤褐色へと変化します。その色もシックで、趣があります。

ロサ・キネンシス・オールド・ブラッシュ・チャイナの枝変わりとされていますが、200年以上も前に、なぜ、花弁が無くなったのか、なぜ、その後、この姿を続けているのか謎多きバラのひとつでもあります。

ロサ・フェティダ・ペルシアーナ（Sp）別名：ペルシャンイエロー　1838年以前　春の一季咲き性

2月

19日

ロサ・フェティダ・ペルシアーナ

黄色のモダンローズ作出に大きな貢献をしたこちらの‘ロサ・フェティダ・ペルシアーナ’は明治維新後の日本へも輸入され、当時和名を「金司香（きんしこう）」と付けられ、珍しい鮮やかな黄色い花のバラは、注目の的となり人気を博しました。

中東が原産地のバラですので、実際に育てて感じたことは、寒さや湿気に弱く、暑さや乾燥には強かったことです。ちなみに「フェティダ」とは、「悪臭の」という意味です。

フランスの天才育種家ペルネ・デュシェが、このバラの少ない花粉を使って、約15年もの年月をかけて1900年に誕生させた‘ソレイユ・ドール’（HFt）が現代の黄色のモダンローズの最初と言われています。‘ソレイユ・ドール’は、オレンジ色がかったバラですが、‘ソレイユ・ドール’の誕生以後、その花色を受け継いだ様々なオレンジ色や黄色のモダンローズの新品種が生み出されていきました。

ソレイユ・ドール（HFt） 1900年 フランス Pernet Ducher 作出 返り咲き性

2月

20日

ソレイユ・ドール

‘ソレイユ・ドール’とは「黄金の太陽」の意味で、日本では「金太陽」と和名が付けられました。こちらのバラとハイブリッド・ティー・ローズが交配されて生み出されたバラたちは「ペルネシアナ系」と呼ばれました。黄色系のモダンローズの、最初のバラといわれています。ペルネシアナ系のバラたちは、‘ソレイユ・ドール’のように、オレンジ色や黄色いバラで、耐寒性があり、暑さにも強く、当時大変注目されましたが黒点病が出やすいことも特徴です。1920年代には、ハイブリッド・ティー・ローズ系に含まれるようになりました。

2月

21日

着物の中の西洋バラ

大正時代、印刷技術の向上により新聞や書物が広まり、大正デモクラシーと呼ばれる日本独自の民主主義運動が起こりました。新しい時代の気運の高まりと共に、個人の解放等も相まって、自由性や耽美性、ロマンティシズムを表現する文学が登場し、様々な雑誌が創刊されました。

また、欧米を中心に流行していたアール・デコ様式、その前のアール・ヌーヴォー様式の影響を受け、建築や芸術、ファッション、暮らしなどにも和洋折衷文化が花開きました。

着物という当時の日常着には西洋バラも描かれ、裕福な家庭の主婦や「令嬢」と呼ばれた良家の子女に人気を博しました。百貨店やファッション誌も登場し、徐々に西洋バラはファッションに取り込まれていきました。そこに描かれたバラを見ると、当時の最先端のモダンローズが人気の主流であったこと、バラはだいぶ身近になったとはいえ、庶民にとって憧れの花であり、人気の花であり続けたこと、そして、バラに対する美意識の思いの強さがあったこと等が伝わってきます。

2月
22日
銘仙に描かれたバラ

銘仙とは、太い絹糸で織られた大正〜昭和初期に大流行した普段着用の着物です。

開港後の当時の目新しい世の中の出来事をモチーフにして、着物に織り込んでしまうという、前向きで元気な時代のパワーが銘仙にはちりばめられています。西洋バラも、当時の銘仙の着物にたくさん登場し、人気を博しました。従来の着物のイメージでもある「奥ゆかしさ」とは正反対の「大胆さ」に、当時の何でも吸収しようとする活気ある時代の機運が表れています。アールヌーヴォーやアールデコの流行も表現され、色使いやお洒落なコーディネート等、当時の女性たちのハイレベルなセンスには頭が下がる思いです。

2月

23日

大正時代のカレンダー

こちらは大正3年（1914年）甲寅年のカレンダーです。日本髪の女性の背景には、剣弁の花弁のバラが描かれています。明治維新後の西洋文化流入と共に様々な品種が日本へ輸入され、野山に自然に咲くバラと違い、人の手で培養、作出されたバラは、現代文明の象徴となりました。

大正3年の出来事を振り返ってみますと、1月に桜島が大噴火し大変な年始めとなったようですが、3月から7月には、「東京大正博覧会」が開催され、そこで日本初のエスカレーターが登場しました。また、宝塚少女歌劇団（現在の宝塚歌劇団）の第1回公演が開催され、三越呉服店の新装開店に伴い、エスカレーターやライオン像が設置され、注目を集めたとのことです。8月には、第一次世界大戦に日本も参戦することになりますが、勝つことしか知らないように、新しい文明と共に活気に満ちた年であったようです。

2月

24日

アンティークのトング

お客様をおもてなしする際のお菓子に、さりげなくアンティークの食器を添えておくだけで、プレート上が一段と優雅に変わります。

マカロンに添えた小さなバラが描かれたトングは、紅茶に入れる角砂糖やスライスしたレモンを取るのにも向いていますが、色とりどりのお花のようなマカロンと一緒だと余計に愛らしさを増して、お客様にも大好評です。

アンティークは、探すとなかなか見つからず、偶然の一期一会の出会いで見つかることがほとんどです。

2月

25日

丸ごとドライ作り

食香バラ'豊華'を、一輪丸ごとドライにした写真です。'豊華'は春の一季咲きのバラですので、春に咲いた花弁のドライを作っておくと、花期が終わってもポプリにしたりお菓子に入れたりして楽しむことが出来ます（私はケーキやクッキー等の焼き菓子にはドライの花弁、ゼリーやジャム等には生の花弁を利用しています）。

お茶として飲む時は、カップに一輪入れてお湯を注ぎ、ローズティーとして頂きます。カップの中でドライの花がゆっくりと広がっていくのを見ながら、香りを楽しみ味わうことができます。日本茶や紅茶、烏龍茶を足しても美味しいので、私は、その贅沢な時間を楽しみに、なるべくたくさんドライを作っています。

トレイにクッキングシートを敷き、花弁が重ならないよう並べ、室内で乾燥させます。約1週間ほどで花弁がぱりっとしたら出来上がり。乾燥剤を入れた保存容器で保管します。食べる場合は、香りのあるうちに使い切りましょう。

2月

26日

ローズソルト

ローズソルトのレシピを紹介します。バラの花弁が入って、見た目も華やかに。料理に使ったり、バスソルトとしても楽しめます。食用にする場合は、無農薬で育てたバラを使用して下さい。

【材料】

・ドライのバラ（細かく砕く）… 大さじ2
・粗塩 … 300g

【作り方】

ボウルに粗塩とバラを入れ、よく混ぜ合わせる。保存容器に移してふたを閉め、3日間ほど熟成させれば出来上がり。

2月
27日
白いバラの意味

白いバラほど、人々の様々な思いを背負い、長い年月の中で歴史と文化に受け継がれながら語られる花はないのではないでしょうか。キリスト教のシンボル的存在の「白いバラ」は白百合と共に、聖母マリアの純潔、清純、無垢、誠実、慎み深さ等と結び付けられ、最も高貴な花として崇められました。白いウエディングドレスや、ブーケ、ベールにもそれは繋がっています。また、イスラム教での「白いバラ」は、預言者ムハンマドを表すとされています。

2月

28日

クリスマスローズ

日本では「クリスマスローズ」と呼ばれるキンポウゲ科ヘレボルス属の宿根草です。ヨーロッパ等諸外国では、クリスマスの頃から咲く原種で純白のヘレボルス・ニゲルのみを「クリスマスローズ」と言い、他の多くの園芸品種ヘレボルス・オリエンタリスと区別しているようですが、日本国内ではどちらも「クリスマスローズ」と呼ぶことが定着しているようです。オリエンタリスは、キリスト教の四旬節(レント)の頃(2月～3月)に咲くので「レンテンローズ」とも呼ばれるようになりました。

早春の庭の庭木の足元に、このクリスマスローズが咲き始めると、冬がようやく終わりに近いことを教えてくれます。

3月
1日
春の新芽

ロサ・ルキアエ・ヴァリエガータの新芽は、愛らしいピンク色が特徴的です。このピンク色の新芽を見ることが出来るのは、1年のうち、3月〜4月の間の数日間しかありません。ですが、こちらのバラの特徴は、ピンク色の新芽だけではありません。本葉になった時に、緑色に白色の斑が入ることも特徴的です。最初は薄い緑色に白色の斑が入り、美しい淡い色合いとなります。そして徐々に濃くなる緑色に、白色の斑がはっきりと映り、爽やかな美しい色合いに変化します。

花は小さな白い5弁の一重で、他のバラより少し遅れて5月の下旬〜6月の上旬頃に花開きます。1季咲きの花の花殻を摘み取らずにおくと、冬に小さなローズヒップがつきます。花を楽しむというよりは、時間と共に変化する葉や、株全体の雰囲気を楽しむバラと言えるかもしれません。

3月

2日

国産のローズウォーター

長野県・八ヶ岳の株式会社アサオカローズさんが作るローズウォーターは、八ヶ岳の湧き水を使用して蒸留された、ピュアで、バラのエネルギーが凝縮されたような大変香り高いローズウォーターです。

写真の、瓶にピンクの色付けがされているのはイランからやってきたダマスク・ローズ‘ゴル・ムハマディ’のローズウォーターです（ローズウォーター自体は無色透明です）。「ゴル」は「花」を、「ムハマディ」は「モハメッド」をさし、「モハメッドの花」という意味があります。つまり、イスラムの世界では「最高の花」とされています。イランでは、イスファハン州のカシャーン等で、ローズウォーターおよび、ローズエッセンシャルオイルの生産が盛んに行われています。

バラと人との悠久の歴史を物語るような、深く豊かなダマスクの香りと味わいがします。

3月

3日

バラ風味のちらし寿司

食用バラの花弁をビネガーに漬けて出来たローズ・ビネガー(p.92)を利用して、雛祭りにぴったりの酢飯を作りました。

砂糖でお好みの甘さに味付けし、お好きな具を入れて混ぜ合わせれば、バラが香るお祝い料理が出来上がります。

優しくふわっと口の中で広がるバラの香りと、庭からの恵みを味わえる喜びのひとときです。

3月

4日

香りについて

オールドローズには甘く濃厚で、人々をうっとりさせるような香りがありましたが、品種改良によって見た目や花持ちのほうが重視され、香りの無いバラがたくさん作出されてしまいました。そのような事態を憂えたアメリカバラ協会会長は「香りのないバラは、笑わぬ美人のようだ」と言いました。またイギリス王立バラ協会会長は「香りはバラの魂であり、香りのないバラは花ではない」とまで発言しています。

「香り」は、バラの大きな魅力であると見直され、昨今のストレス社会においてもリラックス効果のあるバラの香りは重要視されるようになりました。そして、古い品種でも香りの素晴らしいバラが注目されるようになり、現代バラにおいても、美しく香りの良いバラがたくさん作出されるようになりました。

写真のバラは、2004年にイギリスのデビッド・オースチンにより作出されたイングリッシュローズの'ハーロウ・カー'(S)です。ダマスクの香りが豊かに香ります。

リトル・ホワイト・ペット（Pol）　1879年　アメリカ　Peter Henderson 作出　四季咲き性

3月

5日 リトル・ホワイト・ペット

濃いピンク色の蕾が開くと、白いポンポン咲きの小輪の花となります。蕾と花が交ざり合った光景は、大変愛らしく見応えがあります。樹高は1m以内と低く、花壇の縁取りや、前景、鉢植えにも向いています。

ランブラー・ローズ‘フェリシテ・エ・ペルペチュ’（R）の枝変わりとされ、同じ花を咲かせますが、樹形はコンパクトになり、一季咲き性から四季咲き性へと変わりました。

3月

6日

バラのシフォンケーキ

シフォンケーキを作ったら、仕上げに粉砂糖を振りかけたり、生クリームをトッピングしたり、バラの花を飾ってみてはいかがでしょう。花弁のドライ、ローズリキュール、ローズシロップは、市販のものを利用されても、もちろん大丈夫です。

【用意するもの】（20㎝シフォン型1台分）

・卵黄 … Mサイズ5個分
・卵白 … Mサイズ6個分
・バラの花弁（ドライ）… 8g
・ローズリキュール … 40㎖
・ローズシロップ … 50㎖
・サラダ油 … 80㎖
・レモン汁 … 小さじ1
・薄力粉 … 120g
・グラニュー糖 … 120g

【作り方】

❶花弁を細かく刻み、レモン汁、ローズリキュール、ローズシロップと合わせておく。

❷卵黄にグラニュー糖の半量を入れ、泡立て器でよく混ぜる。

❸②に①を加え、泡立器でよく混ぜる。

❹③にサラダ油を少しずつ加えながら、よく混ぜる。

❺④にふるった薄力粉を入れ、ヘラでよく混ぜ合わせる。

❻別のボウルに卵白と残りのグラニュー糖を少しずつ入れ、ツノが立つまでしっかり泡立てる。

❼⑤に⑥の1/3量を入れ、ヘラで混ぜ合わせる。残りの⑥を加え、泡がつぶれないようさっくりと混ぜる。

❽シフォン型に⑦を流し入れ、約10回トントンと型を落とし空気抜きをする。

❾180℃に余熱したオーブンに入れ、約40分焼く。

❿焼けたら型に入れたまま、逆さにして冷ます。

⓫ナイフを型と生地の間に入れ、型から生地を外す。

⓬お好みのトッピング（6分立ての生クリーム、バラの花弁）でデコレーションする。

3月

7日

サントノーレ

花付きの良いこちらのバラは、小さなシュークリームをキャラメリゼして固めたお菓子「サントノーレ」の名を冠しています。花壇では一番手前に植栽することで、たくさんの花が見えやすくなります。また、コンパクトな樹形を活かして鉢植えにも向いています。濃いピンクの蕾から花開くライラックピンクの花は、時折、濃淡が現れてとても綺麗です。

サントノーレ（S） 2016年 フランス Delbard作出 四季咲き性

3月

8日

桜霞

花持ちが良く、公園等に多く植栽されているのをよく見かけます。日本で誕生したバラは日本の風土に合い、大活躍してくれています。横張り性でコンパクトな樹形に、春は、溢れんばかりに花をたくさん咲かせます。‘桜霞‘の枝変わり品種‘つる桜霞‘（2001年 日本 鷲見繁作出）も丈夫で、花付き、花持ちに優れ、秋にも花が楽しめます。

桜霞（F） 1988年 日本 鈴木省三作出 四季咲き性

3月

9日

ロサ・セリケア・プテラカンタの棘

バラの棘にも様々なものがありますが、ロサ・セリケア・プテラカンタの棘は、まるで恐竜の背中のような、非常に珍しい形をしています。春に早咲きで咲く白い一重の花は、4枚弁（時折5枚弁になることも）で咲くという、花も珍しいバラです。葉は、ピンピネリフォリア節の、グレイがかった緑の小葉で、4cm程度の小輪の花ととても良くマッチしています。

棘のお話に戻りますが、新梢に現れた棘が、写真のような赤い棘となります。見れば見るほど迫力がある不思議な形状、自然は本当に不思議です。この棘があることから、こちらのバラは別名「レッドウィングス」とも呼ばれます。

3月

10日

赤色の理由

バラの新芽や若葉が、赤味を帯びていることがあります。それはいったい、どうしてなのでしょう。バラの新しい芽や葉は、太陽光からの紫外線によって作られる活性酸素が細胞を攻撃して、ダメージを受けやすくなっています。新しい芽や葉を守るために、太陽光を遮る日除けとして赤い色素（アントシアニン）が、芽吹き時に現れます。それが赤い新芽や若葉となって出ているのです。その後間もなく、葉緑素（クロロフィル）が作られるようになり、赤味は薄くなりグリーンの葉へと変化します。まるで大切な子供たちのような新芽や若葉を、ちゃんと自分たちで守っているかのようです。

3月
11日
天使が舞い降りる季節

ユスラウメが満開になる3月中旬頃、待ちに待ったバラの新芽の芽吹きが始まります。高い位置に誘引した‘ポールズ・ヒマラヤン・ムスク’(R)の枝に、まるで空から天使が舞い降りたように、新芽が並んでいます。暖かい春の陽射しを受けて、これからすくすく元気に育ってほしいものです。

3月
12日
ローズガーデンの彫像

ローズガーデンには、様々な置き物が置かれています。それはフォーカルポイントだったり、ガーデンのコンセプトに合わせての置き物だったり、メモリアルだったりします。こちらの彫像は、バラに囲まれた中で、眩しそうに目覚めた女神のようです。彫像は、さりげないものからドラマチックなものまで様々ですが、一瞬にして見る者をバラの物語の中に引き込んでしまう不思議な力を宿しています。

3月

13日

ファブリック

さまざまにデザインされたバラのファブリックが世の中に溢れています。よく考えてみると、約20万〜30万種あると言われている植物の中で、こんなにファブリックに登場する植物は他に類を見ないのではないでしょうか。それほど、バラはポピュラーな植物だということでしょうか？

実際にバラを育てている人にとっては、バラは植物であるという認識が高いと思いますが、多くの人にとっては、バラの持つイメージが先行しているのではないかと思えることがよくあります。バラに対するイメージは人それぞれ違うかもしれませんが、良いイメージを多く持つバラだからこそ、身の周りに置くファブリックに多く採用されているのかもしれません。

3月 14日

ローズ・キャンディ

横浜山手西洋館を訪ねた際に、ギフトショップで販売されていた「ローズ・ドロップ」（ローズ・キャンディ）です。歴史ある古い洋館にマッチした、レトロな缶のデザインにも惹かれ、お土産に購入しました。

ピンク色の愛らしいキャンディは、バラの花弁入りで、口の中で微かにバラの香りがします。他にもバラに因んだお土産が販売され、横浜市の花「バラ」を意識した製品が並んでいました。洋館の周囲に咲くバラを見て、バラにちなんだお土産を買って帰る楽しみが増えました。

3月

15日

ブルガリアン・ハニー

こちらの蜂蜜は、ブルガリアのバルカン山脈とスレドナ・ゴラ山脈に挟まれた東西100kmにも及ぶ「バラの谷」と呼ばれる地域で採れたハチミツです。日本で開催されたブルガリア・フェアに行かれた知人からのプレゼントです。

「バラの谷」の中でも有名な「カザンラク」という村では、毎年6月に「バラ祭り」が開催され、村の名と同じ「カザンラク」を冠したダマスク・ローズ（ロサ・ダマスケナ・トリギンティペタラ）が咲き誇ります。そのバラから蜜蜂たちが集めたハチミツは、華やかなダマスク香が広がります。紅茶やヨーグルトにひとさじ加えて、優雅な味わいを楽しませて頂いています。

3月

16日

シュガーのレース

繊細なレースでバラを象った素敵なシュガーをプレゼントで頂きました。こちらは、現在、シュガークラフトアーティストとしてご活躍される元タカラジェンヌのみずき愛さんが開発されたシュガーレースのブランド「フォリウム　フロリス　タカラヅカ」のオリジナル・シュガーのレースです。バラの中央に持ちやすい小さな突起があり、紅茶等に水平に浮かべやすくする工夫がされているのも嬉しいです。

おもてなしの優雅なティータイムにぴったりのアイテムですね。

3月

17日

ゾウムシ

バラの新芽が伸び始め、これから楽しみという頃に急に新芽がしおれたり、カサカサの状態になることがあります。その原因はこの小さなゾウに似たゾウムシ（クロケシツブチョッキリ）の仕業であることが多いです。体長は約2～3mmの甲虫類で黒いケシ粒のようでもあり、新芽の少し下の部分に、口器を挿して加害します。そうなると、その上の新芽や蕾までが枯れることに繋がり、小さな虫ですが被害は甚大です。見つけ次第捕殺しますが、手を近付けると、自分から落ちて逃げてしまうことが度々です。受け皿のようなものを用意し、ゾウムシがそこに落ちるように工夫すると良いようです。

手を打たないと、バラの花が全く咲かないことにもなりかねません。小さくて見つけるのは大変ですが、頑張って駆除しましょう。

3月 18日

新緑の頃

3月の後半になってくると、バラの新芽も少しずつ成長し、新緑が輝き始めます。この頃は、全てが希望に溢れて、一番気持ちがワクワクと高揚する季節かもしれません。こちらのバラもまだ何も病気が無く、害虫もまだ見えません。

しかし間もなく、ゾウムシの被害から始まり、病害虫との闘いの日々が始まるのです。それにしても、この時季のバラの新緑は、本当に美しいです。そして、枝垂れ桜も蕾が綻び始めました。

3月

19日

横浜山手に咲くバラ

1867年、横浜港から近い山手の街に外国人居留地が作られます。翌年の明治維新後には様々な西洋文化が日本に流入し、外国人居留地にはそれまで日本では見たことがないような、大輪の美しいバラが植えられました。近隣の日本人たちは、「イバラボタン」「洋ボタン」と呼んで、羨望の眼差しで見ていたとのことです。その後、当時の目新しい西洋のバラは、外国人や外国人と関わりのある職業の方、そのご夫人方、当時の横浜で上流社会の催しもの等において中心的な役割を担っていた方々にまず広まり、徐々に一般庶民の間にも広がっていったのでした。

西洋からやってきたバラは国内における「文明の花」の地位を得て、明治から昭和の戦前まで、牡丹に代わって「花の女王」の地位を日本でも確立することとなりました。歴史のロマンを感じる横浜山手地区は、現在でも至るところにバラが植栽され、訪れる人々に当時の面影を見せてくれています。

3月

20日

バラの箱

白地にバラの絵柄が大変美しいこちらの箱は、パティスリーショップ「PIERRE HERMÉ PARIS」（ピエール・エルメ・パリ）の期間限定ボックスです。こんなに美しい箱に入ったお菓子を頂いたら、バラ好きは皆喜んでしまうことでしょう。蓋を開ければ色とりどりの、まるで花のようなマカロンが並んでいて、外側も含めたトータルな美しさに心がときめきます。

お菓子をすべて頂いた後は箱だけが残りますが、手放し難くとっておくことにしています。

FORTNUM & MASON
PICCADILLY SINCE 1707

1953
CORONATION

3月

21日

バラ戦争とテューダーローズ

こちらの缶は、今は亡きエリザベス2世女王の御在位60周年を記念して販売されたフォートナム＆メイソン社の紅茶とビスケットの缶で、現在でも大切にとってあります。中央には赤バラと白バラを重ねた「テューダーローズ」が描かれ、その周囲には、スコットランドを表す「アザミ」、ウェールズを表す「ラッパ水仙」、アイルランドを表す「シャムロック（クローバー）」が描かれています。

「テューダーローズ」の紋章は、15世紀のイギリスで王位継承権を争ったヨーク家とランカスター家の「バラ戦争」後に始まったテューダー朝にちなみます。ヨーク家が白バラ、ランカスター家が赤バラを紋章に用いて戦ったといわれることから「バラ戦争」と呼ばれました。ランカスター家が勝利し、王に即位したヘンリー7世は、ヨーク家からエリザベスを妃にもらい争いは終結しました。この結婚を機に、赤バラと白バラを重ねた「テューダーローズ」の紋章が作られ、現在の英国王室にも引き継がれています。

実際のバラの品種では、1輪の花の中で、ピンクと白に花色が分かれるオールドローズ‘ヨーク・アンド・ランカスター’（D）があります。

3月
22日

アップルローズトライフル

バラの形にしたりんごを飾れば、可愛らしいデザートの出来上がりです。バラのシロップで風味も楽しめます。

【材料】(200mℓカップ4個分)

・りんご … 1/2個
・レモン汁 … 少々
・グラニュー糖 … 5g
・カステラ(またはスポンジケーキ)… 200g
・ローズシロップまたはローズジャム
(市販のものでも可)… 10mℓ
・生クリーム … 100mℓ
・グラニュー糖 … 5g
・いちご … 40g
・飾り用ミントの葉 … 4枚

【作り方】

❶りんごを厚さ2mmの半月形にスライスする。耐熱容器にグラニュー糖、レモン汁と一緒に入れて500Wの電子レンジで約2分加熱し、冷ましておく。

❷①のりんごのスライスを、8〜10枚重ねて巻き付けながらバラの形を作る。

❸カステラを一口大にカットし、表面にローズシロップを刷毛で塗る。

❹生クリームにグラニュー糖を加え、ツノが立つまで泡立てる。

❺カップがいっぱいになるまで、カステラ、生クリーム、カットしたいちごを重ねることを繰り返す。

❻一番上に生クリーム、②のアップルローズを飾り、ミントを添えて出来上がり。

3月

23日

ローズ・ビネガー

　バラが香るビネガーのレシピです。あまりツンとこない、優しいお酢で作るのがおすすめです。サラダのドレッシングや、ドリンクにアレンジして頂きます。

【材料】

・バラの花弁（無農薬または食用）… 5輪分
・酢 … 200mℓ
・砂糖 … 大さじ3

【作り方】

❶バラを摘んで花弁をほぐし、さっと水洗いし、水気を取っておきます。

❷ガラス容器にバラの花弁と砂糖、酢を入れ、1日置いたら出来上がり。

3月

24日

バラのドレッシング

ローズ・ビネガーで作るドレッシングを、食香バラを散らしたサラダにかけてバラを味わい尽くします。ローズ・ビネガー200㎖に、オリーブオイル20㎖、レモン汁大さじ1、ハーブソルト小さじ1、胡椒少々を入れてよく混ぜ合わせたら出来上がり。

3月

25日

バラのドリンク

疲れた身体に嬉しい、バラの香りと酸味が爽やかなドリンクです。ローズ・ビネガー大さじ2をグラスに入れ、水や炭酸水で割って頂きます。透明なグラスに入れると、写真のように色の層が楽しめます。

3月

26日

アーチに誘引

冬に誘引していたランブラー・ローズ‘フランソワ・ジュランヴィル’の新芽が空に向かって一斉に伸びはじめました。

誘引時に枝を横にして数本のワイヤーで止め、その枝から新しい新芽が出てきたのです。バラは頂芽優勢の性質から、茎の先端にある頂芽の成長が、側芽の成長より優先されます。その性質を利用して、冬につる性のバラの枝を横にすることで、たくさんの新芽の生育が促進され、花数も多くなるのです。

まだこの段階では、花数がどうなるかはっきりとは解りませんが、小さな蕾を確認出来ると、これからがとても楽しみです。

3月

27日

光合成

陽の光をたっぷり浴びて、バラはすくすく元気に育っていきます。光が当たっている時に、植物の細胞にある葉緑体で「光合成」が行われるからです。根から道管を通って運ばれた水と、葉の裏にある気孔から吸収された二酸化炭素、それに日光のエネルギーがプラスされ、養分と酸素が作られます。養分は植物自身のために、そして酸素は地球上で生きる私たちのために。

私たちにとって、植物は生きて行く上で欠かせない存在です。新鮮な酸素をもたらしてくれる植物を、私たちの身近に植えることは、私たちのためでもあるのです。

3月

28日

青空に向かって

空に向かって伸びた枝先にたくさんの蕾が付きました。蕾たちは、まるで希望のよう。やがて青空に無数の花を咲かせます。花の時期も良いですが、たくさんの蕾たちを見ていると、元気をもらえて前向きな気持ちにさせられます。

この蕾たちは、ランブラー・ローズの'ポールズ・ヒマラヤン・ムスク'の蕾たちです。15cmほどの小さな苗を4年前に植えたら、あっという間に3mを超すヤマボウシの木を覆ってしまいました。管理は大変ですが旺盛に生育し、迫力のある風景を作ってくれる大切なバラです。

3月 29日

雑草取り

取っても取っても、また生えてくる逞しい雑草たちに立ち向かわなくてはいけないのがガーデナーでもあるのです。特に、バラの茂みに潜って雑草を取り除く作業はとても神経を使います。気をつけたつもりでも、身体が触れて枝や新芽、蕾を落としてしまうことはよくあります。それでも雑草が大きくなって、根を張る前に、取り除くことが大切です。根の張った雑草を取る時に、一緒にバラの根を傷めてしまうからです。冬以外にバラの根を切って、今まで良いことは一度もありませんでした。雑草は小さなうちに取ってしまいましょう。

バラの花を眺めている時間の数倍は、草取りや掃除の時間に費やしていることを知って頂けたら幸いです。

3月
30日
蜜蜂との関係

バラに蜜蜂がやって来た時、どんなことが最初に頭に思い浮かびますか？　「怖い！」「刺されないように！」でしょうか？

私はバラを育てて約30年以上になりますが、一度も蜜蜂に刺されたことはありません。スズメバチやアシナガバチにはもちろん近寄らないようにして、ハチの大敵の熊のように見える全身黒ずくめの洋服で庭仕事を行わないようにはしていますが、蜜蜂は隣で庭仕事をしていても、今まで大丈夫でした。

イギリスやフランスのガーデンを訪れると、よく蜜蜂の巣箱が置かれているのを目にします。ヨーロッパでは、蜜蜂はハチミツをもたらし、電気の無い時代には蜜蝋でろうそくを作り、暗い夜に灯りを灯しました。またガーデニングにおいては、受粉を行ってくれる大切なガーデニングの仲間の一員でもあるのです。そんな蜜蜂が、今世界中で減少しているとのこと、せめて我が家に来た蜜蜂は、大切に見守りたいと思います。

3月

31日

バラの蕾とイースター

キリスト教では毎年、春分後の最初の満月の次の日曜日は「イースター」と呼ばれる復活祭の日です。キリストがゴルゴタの丘で十字架に架けられた3日後に、復活したことをお祝いするお祭りです。多産の「兎」は、「イースターバニー」と呼ばれ、生命力、子孫繁栄の象徴とされています。「卵」は復活、命の誕生を象徴し、卵を飾ってお祝いするのが習わしです。

バラはキリスト教では聖母マリアを象徴し、花は咲いては散り、冬に落葉した枝に、春にはまた芽吹きが始まり、蕾を付けるということから、バラの蕾も「復活」や「生命の再生」の象徴とされています。

4月

1日

4月の蕾

4月は小さな蕾たちが日に日に膨らみを増し、こちらまで気持ちが期待で膨らむ楽しい季節です。

今は汚れなき綺麗な葉や蕾たちですが、これから強風や豪雨といった自然現象、そして害虫や病気等、様々な苦難が待っていることでしょう……。開花の季節まで、なんとかこの子たちを守って、無事、この子たちが花を咲かせる日を、喜びと共に迎えたいものです。まるで大切な我が子を見守る母のような、そんな気持ちにしてくれる可愛い蕾たちです。

3月同様、新芽を食害する小さな怪獣のようなゾウムシに注意しなければいけません。また、大事な生育期でもありますので、水切れには要注意です。毎朝の見回りを欠かさず、晴れた日は水やりをなるべく行い、その際、一株一株チェックしながら、バラが何か訴えかけていないか、向き合う時間を大切にします。

4月

2日

春の花遊び

バラが咲き出す少し前、私の庭では牡丹が主役になる時期があります。早く咲いてしまった牡丹の花と、遅咲きの八重桜、シャガ、ヴィオラ、ヒメウツギを器に集めて浮かべただけの簡単アレンジですが、大輪の波打つような花弁がドラマチックな牡丹の花と、小さく可愛いそれぞれの個性が光った春の花々との競演は、主役を脇役たちがしっかり支えながらも、それぞれの花が美しさを際立たせ合っているように見えてきます。

こちらの牡丹の名前は、「平成桜」。牡丹の重たい花は、風雨に折られてしまうことがよくありますので、支柱を立てて、早めに切って、室内で楽しむと良いでしょう。

バラが咲き出す頃には庭の主役の座をそっと受け渡し、翌年まで表舞台から遠ざかる牡丹の姿に、なぜか心が惹かれます。

4月

3日

バラの足元に

バラを庭に植える際、バラのみの植栽でも良いのですが、他の植物との組み合わせを考えて庭づくりを行うガーデニングはまた楽しいものです。その際ポイントとなるのは、花色、高さ、開花時期に合った植物を選ぶことです。特に難しいのは、バラの花色に合う植物を探すことではないでしょうか？　同系色にするのか、または正反対の補色にするのか。せっかくのバラの花を、混植した植物によって台無しにしてしまってはもったいないことです。バラと共に、他の植物たちが美しいハーモニーを奏でるように咲かせることが、ガーデナーの目標でもあります。

右側のオレンジ色のキンギョソウ、黄色いグラスのカレックス'エバーゴールド'は、これから咲くアプリコット色のバラたちの足元で、共にハーモニーを奏でる時を待っているかのようです。

4月

4日

蕾が日陰に入っていたら

蕾が出来てこれから花開くという時期は、枝も旺盛に伸び、葉が茂る時期でもあります。もし蕾に枝や葉がかぶさって、陽が当たらず日陰になってしまっていたら、葉のついた枝を少しだけ剪定し、蕾に陽が当たるようにしてあげましょう。そうすることで、花が綺麗に咲き、よく見えるようになります。

4月

5日

色づいた蕾

固い緑の蕾がほころび始めて色づく頃、見ているこちらまで嬉しくて頬の血色も良くなるような気がします。開花まであと一息、ロザリアンにとって一番ワクワク楽しい時期かもしれません。

可愛い蕾は、よく汚れなき乙女に例えられ、大切にしたくなりますが、方法を間違えると綺麗な花が咲かなくなってしまいます。例えば、蕾が色づく頃になったらすべての施肥はストップしなくてはいけません。また、間もなく花を咲かせる準備段階に入ったバラは水分が不足すると、せっかく出来た蕾がしおれてきたり、蕾が小さいままで良い花が咲かなくなってしまいます。蕾を食べる害虫にも注意が必要です。花が咲き始める前の重要な時期、蕾たちが無事に開花出来るよう、上手にバラに寄り添うことが大切です。

4月

6日

大きな学びを与えてくれた本

1997年にフレグランスジャーナル社から発行されたこちらの本は、コンパクトながらも私に大きなインパクトを与えてくれました。著者は、イギリス人アロマテラピー研究家のジュリア・ローレスさん、訳者は、日本のアロマテラピーや植物療法研究家の第一人者高山林太郎さんです。

バラの精油についてのみ書かれているのかと思いきや、バラが古の時代からいかに人々と密接な関わりがあったか、バラの歴史的、医学的な背景等にも詳しく触れられています。バラを栽培して鑑賞するだけでなく、暮らしの中でもっと活用できないか模索していた時にこの本に出会えたおかげで、様々な知識を得て、バラに秘められたパワーに目を向けることができました。と同時に、バラの歴史を理解する上で、世界史、文学、芸術と、幅広い知識の重要性に気付き、さらに学びが必要であると実感させられた本でもあります。

4月

7日

葉桜の頃

我が家の枝垂れ桜が葉桜になる頃、バラの新緑は春の陽射しを受けて急に輝き始めます。まだ花は無くても、フレッシュで綺麗な新緑を見ているだけで、気持ちが良くなります。緑のリラックス効果やリフレッシュ効果を実感できる4月の庭は、健康を司る大事な場所でもあるのです。

この頃になると、順調に生育している新芽と、「ブラインド」と呼ばれる花芽の無い芽がはっきり解るようになります。ブラインドをそのままにしていると、風通しが悪くなり、今は大丈夫でも、近い将来、蒸れて病気に罹りやすくなってしまいます。病気予防のためにもブラインドは今のうちに、手で元から取り除いておきましょう。

4月 8日

バラの花弁入り烏龍茶

横浜の中華街は、日本屈指の観光スポットとして、日本人や海外からの観光客にも人気です。中華料理店での食事や、雑貨店等を散策するのが好きな私は、時々立ち寄っては、何かバラに関するものがないか、探してしまいます。

今回は、「ばら烏龍茶」を購入してきました。烏龍茶にバラの花弁が入っているのですが、それだけで見た目が華やかになり、優雅な気持ちになれるから不思議です。

ロサ・バンクシアエ・ルテア（Sp）　別名キモッコウバラ（黄木香バラ）　中国　春の一季咲き性

4月

9日

ロサ・バンクシアエ・ルテア

中国原産のこちらのバラが日本へ渡来したのは、明治時代といわれています。それ以来、日本のバラの季節の始まりを告げるかのように、一足早く咲き出す黄色の小輪房咲きの木香バラは、日本ではキモッコウバラと呼ばれ、大株に育った姿をよく見かけるようになりました。常緑で、つる性、棘が無く、6～7mに伸長する枝は、フェンスやアーチ、パーゴラ等に誘引すると、見応えのある風景を見せてくれます。秋篠宮家の御長女、眞子様のお印としても注目されました。

キモッコウバラは、9月頃に翌年の春に咲く花芽を作りますので、剪定は花が咲き終った後から7月頃までに行います。また、肥料は花後のお礼肥を与えますが、それ以外は与え過ぎに注意して育てた方が、花付きが良いようです。さらに陽当たりの良い暖地で、水はけの良い場所の方が、生育が良好で花付きが良くなります。

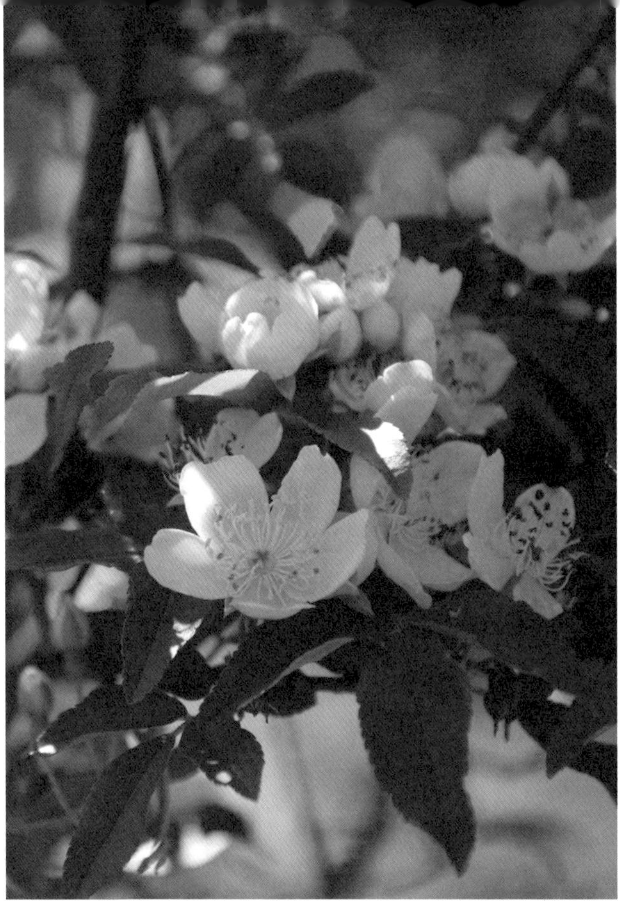

4月

10日

ロサ・バンクシアエ・ルテスケンス

ロサ・バンクシアエ・ルテスケンス（Sp）　中国　春の一季咲き性

まるでロサ・バンクシアエ・ルテア（キモッコウバラ）の原種のバラかと思いきや、そうではなく枝変わり品種とのことです。早咲きで、４月中には満開となります。赤い花芯に、まるで梅の花のような咲き方で和の趣がありますが、中国が原産のバラです。

ロサ・レヴィガータ（Sp） 別名ナニワイバラ 中国 一季咲き性

4月

11日

ロサ・レヴィガータ

モッコウバラに続いて咲く早咲きの‘ロサ・レヴィガータ’は、美しい黄色のシベを見せながら、純白の５枚弁の大輪の花を咲かせます。別名「ナニワイバラ」の由来は、江戸時代に大坂難波の植木商人がよく中国から輸入していたため、こう呼ばれるようになりました。

写真は、以前住んでいた家の門の上に這わせたロサ・レヴィガータです。１株ですが、10mを超える巨大マウントを形成するまでに成長し、這わせた門の上のパーゴラは重みに耐えかね、何度も修理しました。満開時の光景は圧巻でしたが、棘も大きく、枝も逞しく、花は１日ほどしかもちません。常緑の大きな葉は、花の咲く頃に新しい葉と入れ替わるように古い葉を落とし、毎日の掃き掃除がとても大変でした。今の庭には移植できずに思い出のバラになってしまいましたが、手の掛かったバラほど思い出深く、記憶が鮮明に蘇ります。

ロサ・ルクスブルギー（Sp） 別名イザヨイバラ 中国 返り咲き性

4月 12日 ロサ・ルクスブルギー

中国原産のこちらのバラの葉は山椒に似ていて、江戸時代後期の薬用植物を記した、日本で最初の植物図鑑『本草図譜』（岩崎灌園著）にも、「さんせうばら」（サンショウバラ）と表記されています。たくさんの棘のある蕾から花開く花型は「牡丹に似て」とも記されている通り、とても美しく花弁がたくさん詰まっています。しかし満開時の花型は完全な円形にはならず、一部が欠けたように咲くことから、「十六夜バラ」と呼ばれるようになりました。

病害虫の被害はほとんどなく、中低木の樹は木質化して自立します。こちらの原種のバラ、'ロサ・ルクスブルギー・ノルマリス'（Sp）（別名：ヒメサンショウバラ）は一重の花で、棘に覆われた特大の黄色いローズヒップが実り、中国ではドライフルーツや漢方薬として利用されています。

豊華（Ch）　別名 平陰重弁紅玫瑰　中国　春の一季咲き性

4月

13日

豊華

日本で「食香バラ」として紹介された‘豊華’の故郷は、中国山東省平陰県のバラの村です。主に食や薬を目的に栽培されてきた「平陰玫瑰」（ヘイインマイカイ／平陰県のバラの意）は、東京ドーム約800個分（面積3,500ha）の栽培畑で年間9,000 tもの花が採取されます。咲き始めの花を手で摘み取り、乾燥させてお茶にしたり、ローズウォーターやローズオイル、バラのジャム、お酒、スキンケア製品など、さまざまに加工されています。平陰玫瑰は無農薬で栽培され、中国で唯一食用バラとして認定されています。また、2012年には薬食同源の中国医学理論に基づき、中国中央政府衛生部が新資源食品に認定しました。

春の一季咲き性ですが、たくさんの蕾を付け、約4週間に渡って、順に花を咲かせていきます。マイカイ色と呼ばれる鮮やかなピンクの花は中輪ですが、強いダマスク香にスパイシー香が微かに混ざり合い、とても良い香りがします。花弁にワックス成分が少ないため、花弁が柔らかく、食した時に苦味やえぐみが少ないのも特徴です。

4月

14日

食用バラの育て方

お菓子作りや料理に利用するバラは、無農薬、または食しても安全な方法で育てられたバラに限ります。庭やベランダで農薬を使用するバラがある場合は、離して育てましょう。そして、なるべく有機肥料や有機質肥料で育てましょう。品種も、ゴワゴワとした分厚く硬い花弁よりも、なるべく花弁がしなやかで、香り高い品種を選んで下さい。

まれにバラの飲食でアレルギーを起こされる方がいらっしゃいます。食物アレルギーのある方や小さなお子様、ご高齢の方、妊娠中の方等はご注意下さい。

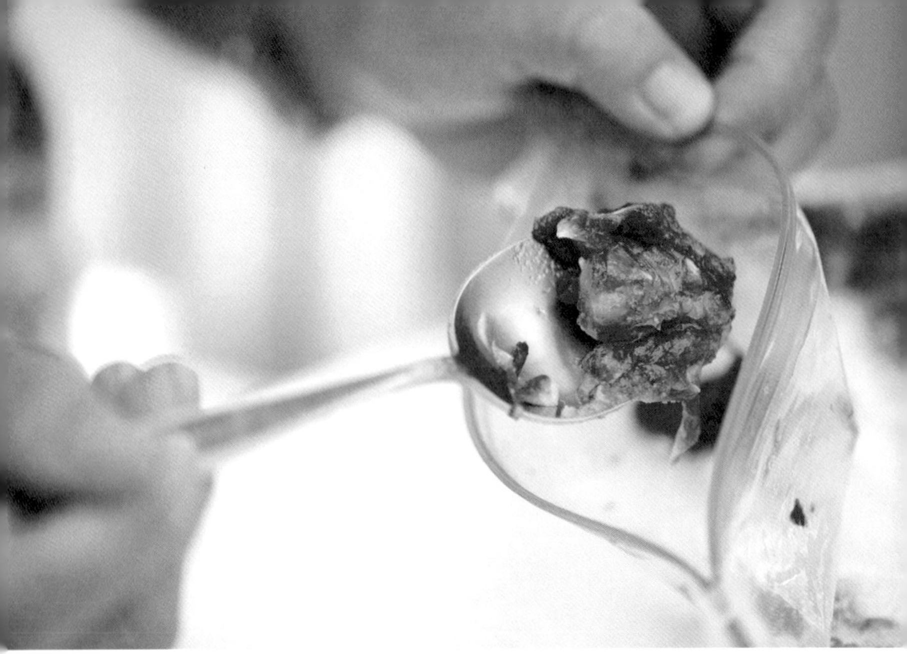

4月

15日

バラで作るジャン

バラ本来の味わいを楽しむことが出来るジャンの作り方をご紹介します。ジャンはジャムと違って火に通さないため、香りが揮発せず、豊かなバラの香りと味わいをダイレクトに楽しむことが出来ます。

【用意するもの】（ストックバッグ1袋分）

・食香バラの花弁 … 約5輪分
・砂糖 … 大さじ5

【作り方】

❶ストックバッグに、水洗いして水気を取った花弁と砂糖を入れ、手でよく揉む。

❷粘り気が出るまで揉んだら出来上がり。（約1年間冷凍保存が可能。）

4月

16日

ヨーグルトに添えて

ジャンのおすすめの食べ方を紹介します。冷やしておいたバラのジャンをヨーグルトに添えれば、爽やかな酸味に、甘く濃厚なバラの香りと味わいが絶妙にマッチし、心豊かなブレックファストのひとときとなります。

4月

17日

凛々しいパトロール

庭で、カナヘビの赤ちゃんをよく見かけます。カナヘビは、小さな虫を食べて成長します。だんだん大きくなって、頼もしさが増してきました。今日も、凛々しくパトロールしている姿を見かけ、なんだか心強くなりました。

4月

18日

朝のバラ摘み

この季節の楽しみのひとつ、それは毎朝のバラ摘みです。我が家に２株ある食香バラ‘豊華’は、最後の花まで約４週間も花を咲かせ続けてくれます。朝、かごを片手に庭に出ると、開いている‘豊華’の花をすべて手で摘み取ります。そして摘んだバラでジャンやドライを作り、バラのある心豊かな暮らしを実践します。

4月

19日

嬉しい季節の到来

　窓の外には、咲きはじめたバラとたくさんの蕾。ロザリアンやガーデナーにとって、こんなに心躍る嬉しい季節はありません。今までの苦労も全て忘れて、喜びに満ちた日々の幕開けです。これから次々咲いていくバラ、それに伴い散っていくバラ……。庭は日々、刻々と変化しながら、一期一会の季節を彩ってくれることでしょう。

4月

20日

朝陽を浴びて

朝は特別な時間です。朝陽を浴びて、バラも気持ち良さそうに、徐々に開花を始めます。バラが開花していくと同時に、香りの成分も放出され、庭に居るだけで天然のアロマに包まれることができるのです。庭の椅子に腰かけて、この素晴らしいひとときを全身で受け止めましょう。

オリビア・ローズ・オースチン（S）　2005年　イギリス　David Austin作出　四季咲き性

4月

21日

オリビア・ローズ・オースチン

作出者デビッド・オースチン氏のお孫さんの名前を冠した優しいソフトピンクのバラは、乙女椿のような花型で、とても整った美しい花を咲かせます。樹形もコンパクトにまとまり、耐病性に優れ、地植えでも鉢植えでも元気に育つので、初心者の方にお薦めのイングリッシュローズです。

私の庭では、バラの花壇の一番手前に植栽しています。イングリッシュローズの中でも早咲きのこちらの開花を合図に、本格的なバラのシーズンの幕開けを実感します。

4月

22日

バラとハーブのポプリ

バラの花弁だけでなく、ハーブもドライを作っておくと便利です。食品用の乾燥剤とともに缶や瓶等に入れて保存すると、香りを楽しめるポプリになります。

【材料】

・バラの花弁のドライ … 大さじ4
・ハーブのドライ（ミント… 大さじ3、ラヴェンダー … 大さじ3、レモングラス … 大さじ2、ローズマリー … 大さじ1）
・お好みのエッセンシャルオイル

【作り方】

ストックバッグのついたビニール袋にバラとハーブのドライを入れ、エッセンシャルオイルを3滴入れて密封します。5回ほど振ってなじませ、瓶に移して蓋をし、食品用の乾燥剤を入れ、約2週間熟成させれば出来上がりです。

4月

23日

ロサ・ユーゴニス

ロサ・ユーゴニス　(Sp)　1899年　中国　E.H.Wilsonにより発見　春の一季咲き性

日本でも大人気の絵本作家であり、挿絵画家、人形作家、そしてガーデナーでもあるターシャ・テューダー（1915年8月28日 - 2008年6月18日）が3歳の時に植物に惹かれるきっかけとなったバラが、こちらのロサ・ユーゴニスです。電話を発明したことで有名なベルの庭で、ターシャは見つけたそうです。1899年、ユーゴー神父が訪れた中国北中部から、イギリスのキュー王立植物園にこちらのバラの種子を送ったといわれ、神父の名が付けられました。

4月

24日

一番花の愉しみ方

バラの季節がいよいよスタートし、バラたちに久しぶりに会えた喜びで胸がいっぱいの時、一番花をもっと近くで見ていたいと思います。そこで悩むのが、カットする枝の位置です。咲いているのは中央の花で、側蕾はまだ小さいことが多く、枝ごとカットしてしまいますと、ガーデンでの花数に影響が出てしまうのではないかと、なかなかカットできないものです。そこで、花器を小さなものにして一輪一輪咲いた花だけカットして生ければ残した側蕾を一緒に切らなくて済みますし、ガーデンにとっておくことも出来ます。小さな花器であれば器ごと持ちやすく、鼻の近くに運んでバラの香りを嗅ぎ、それぞれの品種の違いを確認することもできます。また、生けて並べて花色の組み合わせ等をよく見ておくことは、植栽や庭づくりにとても役立ちます。

4月

25日

レディとローズパーティ

4月下旬、一番花の側蕾はまだ固く、大輪に開いたバラをカットしてきました。ティーカップに浮かべれば、まるでドレスのように広がります。フィギュリンは、レディー・エマ・ハミルトン（1765年4月26日 - 1815年1月16日）。彼女は、イギリス軍人史上最も英雄視された海軍提督のホレーショ・ネルソン（1758年9月29日 - 1805年10月21日）の愛人であり、絵画のモデルや舞踏家として、自身の魅力を放っていました。

写真右のオレンジ色のバラが、彼女に捧げられたイングリッシュローズの'レディー・エマ・ハミルトン'（S）。濃厚で爽やかなフルーティー香です。

4月

26日

水やり

バラへの水やりは、株元に向けて行います。その際、泥水が跳ねて葉に付くと、黒点病になることが多いので、なるべく跳ねないように行いましょう。

株全体に水を撒く必要がある場合もあります。台風の後は、株全体に水を撒いて、台風による汚れを洗い流します。また、ハダニが発生した時は、特に葉の裏に水をかけて、ハダニを洗い流します。ゾウムシも肉眼で見つけることが困難な場合は、株全体に水をかけて地面に落とします。夏の高温時や、乾燥気味な時には、株全体に水を撒いて潤します。

4月

27日

美しい葉

美しい葉は、“バラの美”の重要な要素のひとつです。花が無くても葉が美しければ、充分鑑賞に値します。ですが、綺麗な葉はあっという間に病気に罹ったり、虫に食べられたり、暴風雨に揺れて棘で傷ついたりと、美しさを保つ難しさに直面することがほとんどです。ですから、まだなんの曇りの無い美しい葉は、貴重なひとときと捉えて、鑑賞することをおすすめしています。

バラの葉は、小葉が複数並んでいます。一番先端にある頂小葉を含め、3枚葉、5枚葉、7枚葉が一般的ですが、品種によっては10枚葉以上のものもあります。光を受けてきらきらと輝く緑の葉は、見ているだけで気持ち良く、リフレッシュ効果を与えてくれます。

4月

28日

花とハーブのオープンサンド

ローズマリーの花が咲く時期、庭のハーブと花を使ったオープンサンドを作ります。ハーブの香りが広がり、見た目にも華やかですので、おもてなしの一品としてもいかがでしょうか？

【材料】

・フランスパン … 適量
・ハーブ（パセリ、イタリアンパセリ、ローズマリー、チャイブ、タイム、チャービルなど）… 適量
・花（ローズマリーの花、バラの花弁、ヴィオラの花など）… 適量
・バター（室温に戻す）… 大さじ2

【作り方】

❶バターをボウルに入れ、みじん切りにしたハーブとよく混ぜ合わせる。

❷スライスしたパンに①を塗って、花を飾れば、出来上がり。

4月

29日

フラワーカップケーキ

バラの季節のお茶会のために、バタークリームでバラを象ったフラワーカップケーキを作って頂いております。まるでテーブルにもバラが咲いたようで、クリームの色や花形は、事前に私の希望を汲んで作って頂けますので感動もひとしおです。

バラを見に集まって下さったお客様にお出しししたり、私も1年間バラのお世話をがんばった自分へのご褒美として、この美しいケーキを頂きます。

4月

30日

バラのテーブル

お茶会やパーティーを開く時、その日の朝に摘んだバラを必ず活けるようにしています。テーブルにはお菓子やお皿、ティーカップやキャンドルが並び、それだけでもいっぱいになってしまいますので、大きなアレンジメントは必要ではありません。たとえ小さくても、バラの花があるだけで、その空間が「バラのテーブル」になるのです。

できるだけ新鮮で香り立つ、摘みたてのバラを準備して、お客様のお越しをいつも楽しみにお待ちしています。

5月

1日

白バラとスズラン

　スズランは「5月の谷間のユリ」といわれ、うつむくようにベル形の小さな花を咲かせます。その花は「聖母の涙」を象徴し、マリア様の慎み深さ、純潔を表します。ちなみに、白バラもマリア様の純潔を意味しています。

　また、フランスでは5月1日に、jour de muguet（ジュール ドゥ ミュゲ）「スズラン（ミュゲ）の日」という記念日があり、愛する人や、日頃お世話になっている友人や家族、仕事仲間へスズランを贈ります。受け取った人には幸運が訪れるといういい伝えがあり、「スズランの日」は16世紀、シャルル9世により正式に制定され、現在に至っています。

ロサ・アキクラリス（Sp） 別名 オオタカネバラ（大高嶺バラ） 一季咲き性

5月

2日

オオタカネバラ

日本では、北海道や本州中北部の日本海側、高山帯、亜高山帯、冷気が吹き出す風穴地等に自生し、ガーデンローズではなく、まさに名前の通り「高嶺の花」です。高山植物としてもしご自身でお育てになる場合は、それなりの覚悟が必要です。特徴的な先が尖った羽状複葉の小葉が3～5枚ほどあります。ちなみに、少し小輪のタカネバラの葉は、先が尖らない羽状複葉が3～9枚ほどあります。

千葉の「佐倉草ぶえの丘バラ園」にて、5月上旬に咲いている姿を見ることができました。約5㎝程の紅紫色の一重咲きで、大変美しい花でした。希少なバラだけに、咲いた姿に出会えた時の喜びはとても大きなものでした。

ロサ・キネンシス・スポンタネア（Sp）　春の一季咲き

5月

3日

ロサ・キネンシス・スポンタネア

長い間「幻のバラ」とされていたこちらのバラは、日本人植物学者の荻巣樹徳氏によって、1983年、中国四川省で発見されました。中国のバラの基本種のひとつとして野生種の意味である「スポンタネア」が名付けられています。枝をつる性に伸ばし、株は大きく育ちます。花色は薄いピンク色のものもあれば、濃い赤橙色のものもあり、他にも様々な花色があると言われています。他のバラたちに先駆ける早咲き性です。

荻巣樹徳氏は、フランスの宣教師であり博物学者のアルマン・ダヴィド氏が19世紀末に標本を採集して以来見つけられていなかった、ヘレボルス・チベタヌスを再発見する等の功績もあります。1995年に英国王立園芸協会からヴィーチ金メダルを、2004年には吉川英治文化賞を受賞しました。2017年には中国四川省の成都市植物園に植物科普館が開設された記念に、植物の宝庫である四川省の植物研究で多大な功績をあげた9人「四川植物界名人」として選ばれました。

5月

4日

ハートを集めるように

朝、庭に行くとハート形の花弁が落ちているのをよく目にします。可愛くて思わず見とれたり、写真を撮ったりしてしまいますが、風が吹くと、どこかへ飛んで行ってしまいますので、飛び立つ前に、なるべくホウキで集めるようにしています。

5月

5日

バラの剪定

バラが色褪せ、花弁が落ちそうになっている時は、なるべく剪定しています。色褪せた花を取り除くと、株も不思議と若返って見えてきます。私はこの作業を、お客様がお越しになる日の朝は特に念入りに行います。咲きたてのフレッシュでエネルギーに満ちたバラに囲まれていただきたいからです。

5月

6日

戴冠式の「塗油」とバラ

1066年、イギリス王室の始まりとされるウィリアム1世がウェストミンスター寺院で戴冠して以降、2023年5月6日のチャールズ3世国王で40人目となりました。

現在の戴冠式の儀式は、1902年に戴冠したエドワード7世からだそうで、祭壇で即位の宣誓を行った後、戴冠式用の「エドワード王の椅子」に座り、カンタベリー大司教から聖油を授かり、その後、王笏（セプター）2本と宝珠（オーブ）、マント、そして王冠を戴きます。実は、この一連の儀式の中で、最も重要だと言われている儀式が、非公開儀式「聖油を授かる」ことだそうです。塗油の儀式は、アノイティングスプーンで、即位する国王の頭、手、胸に聖油を注ぐとされています。

旧約聖書には、ダビデ王や、その息子ソロモン王が即位の際に司祭より塗油を受ける、とありますが、現代でもその儀式を行っているのはイギリス王室だけなのです。

「塗油」の儀式とは神から力を授かることであり、「油を注がれた者」は、古代ヘブライ語で「Messiah」（メシア）、古代ギリシャ語では「Khristos」（キリスト）を表します。その塗油に使用される聖油の中に、古代からバラが含まれていたのをご存じでしょうか？

2023年の塗油の儀式に使用された聖油は、エルサレムのオリーブ山から収穫されたオリーブから作られました。バラの他、ゴマ、ジャスミン、シナモン、ネロリ、ベンゾイン、アンバー、オレンジなどが調合されたということです。また、聖油にはずっとジャコウネコやマッコウクジラの油が使用されていましたが、今回はチャールズ3世国王が要求し、アニマルフリーの聖油となりました。

写真は、1936年製造のエドワード8世の戴冠式に記念品として製作された純銀製のアノイティングスプーンです。

5月

7日

戴冠式を祝うティータオル

2023年、イギリスの新国王チャールズ3世の戴冠式が、ロンドンのウェストミンスター寺院で執り行われました。70年ぶりとなる戴冠式をお祝いして、イギリスでは様々な記念品が販売されました。私も記念に、いくつかのコロネーション（戴冠式）グッズをインターネット等で購入しました。

こちらは、イギリスのヴィクトリア・エッグス社が、戴冠式を記念しデザインしたティータオルです。描かれた図の中には、権力と安定の象徴であるオーク、献身の象徴であるアイビー、スコットランドのアザミ、そしてイギリスの国花であるバラ等が描かれています。ヴィクトリア・エッグス社は、デザイナーのヴィクトリア・エッグス氏が代表を務め、氏の本名が社名となり、全ての商品をメイド・イン・イングランドで製作されているそうです。

5月

8日

バラの楽園にようこそ

色とりどりのバラが咲き揃う5月のローズガーデンは、まさに「バラの楽園」です。1年のうちで最も花数が多く、華やかで、そして今まで世話をしてきた人たちのお披露目の時でもあります。「美」を追い求める人たちによって作られ、育まれてきたバラたちが、その姿を現す時が来たのです。

「バラの楽園」に足を踏み入れた人たちは、存分に今年の5月のバラの「美」を堪能して頂きたいと思います。なぜなら、来年も同じように咲くとは限らないからです。自然環境の影響があるかもしれませんし、来園される日時によっても全く異なります。また、世界を見渡すと、「バラの楽園」は平和な世の中だけに存在します。日本も、かつてバラを愛でることさえ許されない時期がありました。目の前のバラを、ただ心から楽しんで頂きたいと思います。そして「バラの楽園」を大切にしたい、と思ってくれる人たちが増えていくことを願っています。

ロサ・ムルティフローラ（Sp） 別名ノイバラ 春の一季咲き性

5月
9日
ロサ・ムルティフローラ

4月下旬〜5月上旬頃、淡いピンクがかった蕾から、白い小輪の5枚弁の花を咲かせます。日本各地の山野に自生が見られ、暑さ、寒さにも強く、乾燥や湿気のある場所でも生育し、国内のバラの台木としても利用されています。香りは少しツンとするムスク香があります。

「ムルティフローラ」は、多数の花の意味です。「ノイバラ」は、古代の東国方言で棘を表す言葉「うまら」から、「うばら」「いばら」に変化し、野に生えていることから「野」がつき、「野いばら」になったといわれます。『万葉集』には、「うまら」と記された1句「道の辺のうまらの末に這ほ豆のからまる君を別れ行かむ」があります。ランブラー・ローズや、ポリアンサ・ローズ、フロリバンダ・ローズ、グランディフローラの祖先であり、様々な系統のバラの作出に貢献したバラの歴史上、重要な品種のひとつに数えられます。

ロサ・ムルティフローラ・カタイエンシス（Sp）　別名ロサ・ウチヤマナ、サクライバラ、カイドウバラ　春の一季咲き性

5月

10日

ロサ・ムルティフローラ・カタイエンシス

小石川植物園で「サクライバラ」と呼ばれていたこちらのバラに、牧野富太郎が園丁長の内山富次郎の名をとって「ロサ・ウチヤマナ」と命名しました。日本で最初の植物図鑑と言われる江戸時代末期の『本草図譜』（1830 ～ 1844年　岩崎灌園著）には、「サクライバラ」として記載が見られます。

ロサ・ムルティフローラ（ノイバラ）と、コウシンバラとの自然交雑で誕生したといわれますが、開花は春の一季咲きです。枝はつる性ですので、フェンス仕立てが向いています。5枚弁の白い花弁の縁に、ほんのりとピンクの覆輪が入る、とても優し気なバラです。皇居東御苑内にあるバラ園にも、他の中国由来のバラと共に植栽されています。

5月

11日

満開の庭で

5月は今までの苦労が報われる時、椅子を庭に置いて満開のバラを心ゆくまで眺めましょう。1年ぶりに会えるバラから、約4か月ぶりに会えるバラ、色々なバラがいっせいに咲く5月は、バラたちも再会を喜び合っているのかもしれません。

様々な病害虫、梅雨時の湿気、真夏の高温と乾燥、台風の暴風雨、真冬の寒さと、1年を振り返れば、バラと共に色々なことを乗り越えてきました。こうしていっせいに咲く姿を見ると、バラが咲くのは当たり前のようで実は奇跡かもしれないと毎年思いながら、この時期を過ごします。

メイ・クイーン（R）1898年　アメリカ　Dr.Walter Vam Fleet作出　春の一季咲き性

5月

12日

メイ・クイーン

細い枝を水平に伸ばし、その先に花を房咲きに咲かせます。少し青みのあるピンクの花色は、花の時期のライトグリーンの葉色に合い、爽やかな印象です。

我が家には、以前の庭から移植して20年以上経つ株があります。毎年たくさんの蕾を付けてくれます。ただ急な高温は苦手なようで、高温の日が続くとたっぷり水分を与えても自ら蕾を落として調整しているようです。フェンスの内側に植栽し、フェンスの上から外側に枝垂れた先に、「5月の女王」さながら、たくさんの花を咲かせてくれています。

ロサ・ダマスケナ・トリギンティペタラ（D） 別名：カザンラク 1700年以前 中近東 春の一季咲き性

5月

13日

ロサ・ダマスケナ・トリギンティペタラ

ローズオイルの世界最大の産地ブルガリアのバラ産業では、バルカン山脈とスレドナ・ゴラ山脈に挟まれた「バラの谷」と呼ばれる地域で栽培されるバラが使用されています。こちらのバラ‘ロサ・ダマスケナ・トリギンティペタラ’は、「バラの谷」の中で最もバラ栽培が有名な村カザンラクで栽培されることから「カザンラク」という村と同じ名でも呼ばれています。村では毎年、盛大なバラ祭りが開催されています。

ローズオイルは、花弁4000kgから、わずか1kgしかとれない貴重なオイルです。精油の含有量は朝が最も多く、日が高くなるにつれ、含有量が減ってしまうため、毎年6月の収穫時には、夜明け前に手摘み作業が行われるそうです。

5月

14日

ガーデン・パーティー

この時期は毎年、満開に咲いたバラの中にパラソルやテーブルと椅子をセットし、ガーデン・パーティーを開きます。1年で最もバラが輝く季節は、バラが繋いでくれたご縁が花開くような、感謝で溢れた夢のようなひとときです。バラたちも、微笑むようにお客様をお迎えし、甘く豊かな香りで包みこんでくれます。

目の回るような忙しい1日となりますが、私へのご褒美は、いらした皆様のバラにも負けない輝くような美しい笑顔です。

5月

15日

バラのケーキ

食香バラ'豊華'のジャンを生地に練り込んで作るバラの香り豊かなケーキです。ローズ・パーティーにぴったりのお菓子です。

【材料】（20×5×4.5㎝　スリムトヨ型2本分）
・バター（食塩不使用）… 60g
・グラニュー糖 … 40g
・サラダオイル … 30g
・卵 … Lサイズ1個
・'豊華'のジャン（P114）… 50g
・薄力粉 … 70g
・ベーキングパウダー … 2g

＜コーティング用チョコレート＞
・ホワイトチョコレート … 100g
・サラダ油 … 小さじ2
・食紅 … 少々

【作り方】
＜下準備＞
＊型にクッキングシートを敷く。
＊材料は全て室温に戻しておく。
＊薄力粉とベーキングパウダーは合わせてふるっておく。
＊豊華のジャンをミキサーでペースト状にする（すり鉢ですっても良い）。

❶ボウルにバターとグラニュー糖を入れ、泡立て器で白っぽくなるまで擦り混ぜる。

❷①にサラダ油とジャンを加え、すり混ぜる。

❸溶きほぐした卵を大さじ1ずつ加え、その都度よくすり混ぜる。

❹粉類を加え、艶が出るまで切るように混ぜ、型に流す。

❺180℃に余熱したオーブンで20分焼く。焼き上がったら逆さまにして、網の上に取り出し冷ます。

＜コーティング用チョコレートの作り方＞

ホワイトチョコレートを細かく刻んでボウルに入れ、50℃の湯煎で溶かし、食紅とサラダ油を加えてよく混ぜる。冷ましてトロリとしたら、ケーキに回しかける。

5月

16日

テーブルコーディネート

バラの季節のティーパーティー、それはバラが1年で最も輝く季節に、バラが今年も咲いてくれたことを祝し開くパーティーです。ですので、主役は「バラ」。テーブルコーディネートは、バラとの調和を楽しんで頂けることを第一の目標にして考えさせて頂きます。

例えば、テーブルの先に見えるバラの花色に合わせたテーブルクロスを敷くことで、屋内から屋外へ一体感のあるスペースを作ります。そして、食器も、お菓子も、それぞれが、バラと調和しながらも、輝きを放つようなテーブルコーディネートを心がけています。

ポールズ・ヒマラヤン・ムスク（R） 春の一季咲き性

5月

17日

ポールズ・ヒマラヤン・ムスク

まるで桜のように、優しい花色の小さな花が、上から降るようにたくさん咲いてくれる‘ポールズ・ヒマラヤン・ムスク’は、満開時は本当に見事な風景を見せてくれます。

ただし、枝を切らずにおけば10mを超す大株に成長し、小枝が絡み合って手に負えないほど大変なことになってしまいます。バラの品種の中には、モンスター級にお手入れが大変なバラがいくつか存在しますが、このバラもそのひとつといえるかもしれません。ですので、このバラを庭に植える時には覚悟しが必要です。

私は以前の庭で、家に絡ませ大きく育てていたのですが、引っ越しの際、大株過ぎて移植ができませんでした。根を出していた小さな株を新しい庭に持ってきたところ、3年余りで、すくすくと大株に育ってくれました。

5月

18日

ローズ・パーティーの終わりに

数日間続いたローズ・パーティーの翌朝は、テーブルに庭のバラや植物を活けたアレンジだけが残って、どことなく寂しさが胸をよぎります。心尽くしのお料理やお菓子、ゲストの皆様との楽しい語らい、それらは、バラが繋げてくれた一瞬の魔法のような美しい時間だったと、寂しさと共に、バラへの感謝の気持ちで満たされます。

そして1年後のバラへ、また最も輝く季節へと想いを巡らせます。

ブーケ・パルフェ（CL）1989年　ベルギー　Lens作出　四季咲き性

5月

19日

ブーケ・パルフェ

小〜中輪の可愛らしい花が大房咲きとなり、一枝にリボンを結べばブーケが作れるほど花付き良く、花持ちにも優れるバラです。

花色も艶のある乳白色の可憐な花が咲きますが、季節や温度、湿度によって違いを見せ、ピンク〜赤味が花弁の外側に乗ることもあり、時間が経つと白っぽくなります。丈夫で、コンパクトなつるバラとして、ポール仕立てやフェンス仕立てに向きます。

5月

20日

日本でも出来るバラ摘み&蒸留体験

かごいっぱいのバラたちは、八ヶ岳のアサオカローズさんの農場で摘まれた'ゴル・ムハマディ'と呼ばれるダマスク・ローズです。

イランからやって来た'ゴル・ムハマディ'は、八ヶ岳南麓の気候に適し、アサオカローズさんの浅岡正玄氏と奥様の元で、無農薬で育てられ、ご苦労を重ねながらも元気に花を咲かせるようになりました。そして、私たちにバラ摘みと蒸留体験をさせて頂けるようになりました。

蒸留は伝統的な水蒸気抽出法で行われ、水とバラを蒸留釜に入れて熱することで発生する水蒸気を冷却し、液体に戻した水分がローズ・ウォーターです。油分に分かれたものが、ローズ・エッセンシャルオイルと呼ばれるバラの精油です。

イランは、かつて古代ペルシャ帝国として栄え、それより前は、人類最古の文明といわれるメソポタミア文明が栄えた地域です。バラの栽培も最も古くから行われた地域ともいわれ、その悠久の歴史のロマンを感じながら味わうローズ・ウォーターは、特別な味わいがしました。

'ゴル・ムハマディ'は春の一季咲き性ですので、秋は四季咲き性の'オーバーナイト・センセーション'(Min)のバラ摘み、および蒸留体験をさせて頂けます。'オーバーナイト・センセーション'は、ミニチュアローズにしてはパティオローズのような花の大きさで、現代バラにしてはとても香りの良い芳香品種のひとつです。1998年にアメリカのマサチューセッツ州、ノーイースト社が作出し、同年10月29日、米ケネディースペースセンターから打ち上げられたディスカバリー号で、日本人宇宙飛行士の向井千秋さんらと共に宇宙へ旅立ち、無重力状態と地球上で香り成分に変化があるか等の研究に貢献しました。「宇宙に行った最初のバラ」でもあるのです。

そんな貴重な品種のバラを摘ませて頂き、ローズウォーターの蒸留体験ができることは、とてもありがたいことです。

5月

21日

ギスレーヌ・ドゥ・フェリゴンド

濃いオレンジ色の蕾が開くと、アプリコット〜イエロー〜クリーム〜白へと退色し、一房の中でグラデーションが楽しめます。大変花付きがよく、春の満開時は圧巻の美しさです。私は門のすぐ横に植え、この明るい花色のバラの前を毎日行き来しています。このバラを見ると、心まで明るくなるようです。

ギスレーヌ・ドゥ・フェリゴンド（R） 1916年 フランス Eugène Turbat & Compagnie 作出 返り咲き性

5月

22日

つるサマー・スノー

中輪房咲きの緩やかな重なりの白い花、照り葉のライムグリーンの葉と、満開時には眩く輝くような大変美しい光景を見せてくれます。棘も少ないので扱いやすく、花付きの良い丈夫なクライミングローズです。四季咲き性のフロリバンダの‘サマー・スノー‘は、こちらのバラからの枝変わりといわれています。

つるサマー・スノー（Cl） 1936年 アメリカ Couteau 作出 一季咲き性

5月

23日

ロサ・ケンティフォリア

ロサ・ケンティフォリア（C）　1600年以前　春の一季咲き性

ロサ・ケンティフォリアは、ケンティフォリア・ローズの系統の基本種とされ、「100枚の花弁を持つバラ」「キャベッジローズ」と言われるほど花弁が多く、ダマスクの香りがします。

エリザベート＝ルイーズ・ヴィジェ＝ルブランが描いた王妃マリー・アントワネットの肖像画の中で、手に持っている一輪や背景に描かれたバラが、ケンティフォリア・ローズだと言われています。また、フランソワ・ブーシェが描いたポンパドゥール夫人の肖像画に登場するバラも、おそらくケンティフォリア・ローズとされ、当時の貴婦人たちと共にあり、宮廷文化を華やかに彩ったのではないかと思われます。

ツクシイバラ（Sp）　別名：ロサ・ムルティフローラ・アデノカエタ　春の一季咲き性

5月
24日
ツクシイバラ

イバラに、九州を意味するつくし（筑紫）を合わせた名前で、南九州が主な自生地とされています。5弁の花で、サクラの花にも似ていることから、「ツクシサクラバラ」とも呼ばれています。熊本のあさぎり町から錦町の球磨川堤防沿いに群生が見られ、地元の方々が、大切にお世話されていらっしゃいます。ツクシイバラの香りを生かしたリキュール「バラ香酒つくしいばら」も販売されています。

私の庭でも毎年、他のバラに少し遅れて咲きはじめ、春のバラが終わった庭を元気に彩ってくれます。秋には、オレンジ色の小さなローズヒップをたくさん実らせ、リース作りにとても重宝しています。

紫玉（G）　19世紀後半　日本　作出者不明　春の一季咲き性

5月

25日

紫玉

明治時代の日本で、自家実生により誕生したガリカ・ローズのバラといわれています。ガリカ系らしく、赤紫色の花弁がたくさん詰まった中輪ロゼット咲きです。

ダマスクの香りもあり、ボタンアイも覗かせるオールドローズの魅力に溢れています。株はつる性に育ち、長い枝先に花を付けることが多く、フェンス等に誘引が必要です。爽やかなライムグリーンの葉は、花の無い時期でも、充分に目を楽しませてくれます。

5月

26日

ユスラウメ

バラの一番花が終わる頃、青い梅より少し前に、ユスラウメが赤く熟し、実りの時期を迎えます。梅と同様バラ科の植物で、梅と同じ頃の早春の庭に、清楚で小さな白い花を咲かせます。

樹齢約100年になるこちらのユスラウメは我が家にとって、とても大切な植物です。引っ越しする以前の我が家の庭に戦前からあり、私たち家族と共に現在の新しい庭にやってきました。戦争中の食糧難だった時代には、庭の防空壕に、主人の母や叔母たちが実の成った枝を持って行き、身を寄せ合いながらこのユスラウメの実を食べて空腹をしのいでいたと聞きました。先祖を飢えから守ってくれたユスラウメは今でも、早春は花、その後の実はデザートとして、私たち家族の暮らしに彩りを添えてくれる大切な存在です。

5月

27日

バラの記憶

ウィリアム・モリスの言葉に、「家は、植物をまとっていなければならない」というものがあります。その言葉を実践したようなこちらの家は、以前私が住んでいた家です。モリスの言葉をお借りすれば良く聞こえるかもしれませんが、実際は、ランブラー・ローズの‘ポールズ・ヒマラヤン・ムスク’の生長に手が追い付かず、こうなってしまったわけです。やはり、植物は、人の手で管理ができる範囲に収めることが大切なように思います。

ただ、5月の満開の時期の高揚感、窓を開けるとバラの香りに包まれる幸福感は、今でも忘れることなく記憶に残っています。この写真を撮った時は、もうすぐ区画整理で家が壊される前の最後の5月でした。最後なのを知ってか知らずか、この5月のバラは、最高の花付きを見せてくれたのでした。

5月

28日

自ら蕾を落とすことも

毎年たくさんの蕾を付ける‘メイ・クイーン’(R)ですが、高温の日が続くと、水をたっぷり与えても、自ら蕾を落とします。まるで、株自体の体力温存のため、自ら間引くように、調整しているように思えてなりません。

5月の朝は、まず、黄色くなった蕾や、下に落ちた蕾を綺麗に取り除く作業を行いますが、この花開くことができなかった蕾たちの分まで、残った蕾たちが綺麗に花開くよう、祈らずにはいられません。

ローラ・ダヴォー（R）1834年　フランス　Jean Laffay作出　春の一季咲き性

5月

29日

ローラ・ダヴォー

他のバラより少し遅れて咲き出すこちらのバラは、花付きがよく一房にたくさんの蕾をつけ、順に花開いていきます。花は小輪ながら、整ったロゼット咲きで、中央に「ボタンアイ」「グリーンアイ」を覗かせます。透き通るような薄いライラックピンクの花は、退色して白へと変化します。一房の中で、グラデーションが見られ、離れて見ても全体として美しく、また近付いて一輪の花を見ても愛らしく、大変魅力に富んだバラのひとつです。枝はつる性で旺盛に伸長し、パーゴラやフェンス向きです。

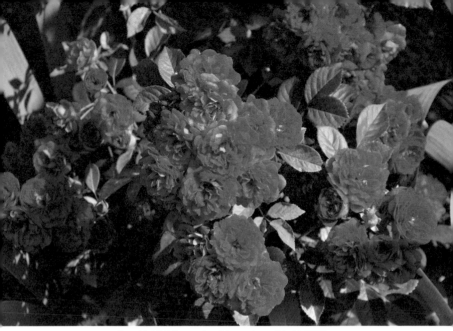

スーパーエクセルサ（Cl）　1986年　ドイツ　Karl Hetze作出　四季咲き性

5月

30日

スーパーエクセルサ

毎年、春のバラの季節の終わりを告げるかのように遅く咲きはじめます。このバラが咲きはじめると、春のバラの季節が終盤を迎え、なんだか寂しく感じる方も多いのではないでしょうか？　花色は、寂しくなりがちな心を励ましてくれるような鮮やかな濃いピンクで、株もとても丈夫で力強いバラです。スーパーのない'エクセルサ'は、'レッド・ドロシー・パーキンス'と同じ品種で春のみの開花となりますが、スーパーが付きますと、四季咲き性になります。小輪房咲きの花をたわわに咲かせるこちらのバラは、ガーデンのアイキャッチなど、ポイントになる場所に植えると庭にメリハリが出るようです。

5月
31日
5月の終わりに

遅咲きのバラは、いつも5月のバラの季節のフィナーレを華々しく飾ってくれます。庭のほとんどのバラは茶色く花殻になってしまいますが、そこだけは明るさを放っています。こうして切って室内に持ってくると部屋が明るくなり、バラが終わっていくセンチメンタルな気持ちを勇気付けてくれるかのようです。ですので、この頃は、いつもたっぷり咲いた枝ごと切って、部屋に飾って楽しむことにしています。

見ていると元気になれるこちらの愛らしいピンクのバラは、'ジャスミーナ'(Cl)。大きな房咲きとなって、中輪の花をたわわに咲かせます。花器として使用している水差しと洗面器は、19世紀後半のパリ窯のハンドペイントです。

6月

1日

梅雨の始まり

バラの一番花が終わる頃、梅雨がはじまります。せっかく色付いた蕾も色がくすんで茶色くなり、もう綺麗な花が見られなくなると少し哀しくなりますが、今まで毎日行っていた朝の水やりをしなくても良いかと思うと気が楽になります。その代わりにこれから続く雨天に備えて、できる時に、草取りと、花殻や枝の先端を切り、整枝を行っておく必要があります。そして、バラにお礼肥をあげておけば、これから降る雨が、地中に栄養分を運んでくれることでしょう。

6月

2日

バラとオルレア

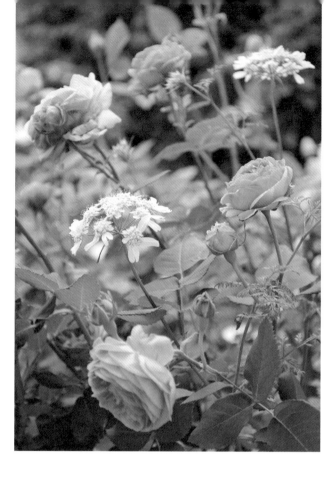

バラに合う植物は様々ありますが、私はこのオルレア・グランディフローラ（セリ科オルレア属　ヨーロッパ原産）との組み合わせがとても好きです。花期も4月後半頃〜6月と、ちょうど春のバラの時期と合い、白く優しい花は、どんな花色のバラともマッチします。本来は多年草ですので、涼しい気候の場所では毎年花が咲きますが、高温多湿に弱く、日本ではほとんどが6月の梅雨の時期〜夏にかけて枯れてしまい、一年草として扱われます。それでも一度植えて種が出来ると、その種が自然に落ちて発芽し、翌年も花を楽しむことが出来ます。

6月

3日

エルダーフラワーとバラ

6月、イギリスの田舎道を車で走っていると、大きく茂った木に白い小さな花が房咲きになっているエルダーフラワーをよく目にします。イギリス人は、この花を摘んでクエン酸の豊富なコーディアルを健康のためによく作って飲むのだそうです。私もそのことを聞いてから庭にエルダーフラワーを植え、いつかコーディアルを作ることを楽しみにしていました。そして植えてから4年目、やっと花が咲きました。でも、まだ花は少なく、エルダーフラワーのみではほんの少ししかコーディアルが出来ません。そこで、無農薬で育てた香りの良いバラの花弁をプラスして、バラとエルダーフラワーのコーディアルを作りました。優しいバラ色のコーディアルとなりました。

ちなみに『ハリー・ポッター』のお話に登場する「魔力を持った3つのアイテム」の中で、無敵の力を持つ「ニワトコの杖」は、エルダーフラワーの木で出来た杖です。

6月

4日

バラが香るコーディアル

ダマスク香またはフルーティー香のバラを使うと美味しく出来上がります。氷や水、サイダーなどで割って頂きます。

【材料】（作りやすい分量）

・香りが良く、花弁の多いバラ … 3輪
・エルダーフラワー … 3房
・熱湯 … 600mℓ
・砂糖 … 大さじ12
・レモン汁 … 大さじ1

【作り方】

1 バラの花弁、エルダーフラワーを軽く水洗いし、水気を切る。

2 鍋に①を入れ、熱湯を注ぎ蓋をして、約30分そのまま蒸らす。

3 2〜3回漉して、液体のみを取り出す。

4 ③を鍋に入れ、砂糖とレモン汁を加える。ふたたび火にかけ、かき混ぜながら溶かして出来上がり。

6月

5日

ボタンアイ

幾重にも重なった花弁の中央に、シベを囲むように小さな花弁が内側に丸く集まっている部分があります。まるでボタンのように見えることから、「ボタンアイ」と呼ばれています。「ボタンアイ」は、オールドローズや、オールドローズの花形をしたイングリッシュローズ等いくつかの品種に見られ、クラシカルな表情が人気です。

エグランタイン（S） 別名マサコ 1994年 イギリス David Austin 作出 四季咲き性

6月

6日

エグランタイン

ボタンアイが綺麗なこちらのバラは、イングリッシュローズの‘エグランタイン’(別名：マサコ)です。第一次世界大戦時、セーブ・ザ・チルドレン・ファンドを設立して慈善事業に尽くした、イギリス・シュロプシャー州エルスミア出身のエグランタイン・ジェブ女史に因んで命名されました。日本向けに、今上天皇陛下が皇太子として御成婚された翌年1994年に、皇太子妃雅子様(当時)に捧げられました。大輪ロゼット咲きのとても美しいバラは、うっとりするような素晴らしいオールドローズ香があります。

6月

7日

変わりゆく風景を楽しむ工夫

こちらは山梨にお住まいの素敵なガーデナーご夫妻のお庭の塀のバラ‘サマースノー’(CL)と、‘キング’(CL)です。白色のサマースノーが先に咲き始め、その後を追うように、遅咲きの赤い‘キング’が花を咲かせます。‘サマースノー’は、次々と中輪の花を房咲きに咲かせ、花期が長い品種です。最初にホワイトの風景を楽しんだ後に、小輪房咲きの赤い‘キング’が加わり、紅白の風景も楽しむことができるそうです。どちらの花も満開時には、寄り添うようにたわわに花を咲かせます。

このように同じ場所で、花期が少しずれるバラをあえて近くに植栽し、ホワイトから紅白へ変わりゆく風景を作るコンビネーションも楽しんでいらっしゃるご夫妻のガーデニングアイデアに感銘を受けました。

6月

8日

バラとクレマチス

ピンクのバラ、ロゼット咲きの‘ガートルード・ジェキル’(S)と、一重のバラ‘ロサ・ムルティフローラ・アデノカエタ’(ツクシイバラ)の間に顔を覗かせる、青紫色のクレマチス。

ピンクだけの色調も可愛いですが、青紫色のクレマチスがアクセントとなっています。ただ、クレマチスのつるがバラの枝や花に絡まり、お手入れは困難を要します。その難も承知の上で、多くのロザリアン、ガーデナーはバラとクレマチスのハーモニーを好み、景色を楽しみにコツコツとお手入れを続けます。

6月

9日

雨の中で

雨にうたれながら咲いているバラを見ると心がうたれます。たくさんの雫をたたえながらも凛と咲くその姿は、ただ綺麗なだけではなく、本来の強さを秘めて、困難な中でも気高くあるバラの魅力に気付かされます。そして、見ている側も、バラのように強くありたいと思うのです。

バラとの暮らしの日々は、バラの一瞬一瞬が、暮らしのヒントやエッセンスに繋がって、知らず知らずのうちに勇気や元気をもらっているのかもしれません。

6月

10日 梅雨時の葉

梅雨時の葉は、うどん粉病に罹りやすく、最初の症状として葉に波が生じ、徐々に表面に白い粉をふいたような症状になります。欧米の平均湿度50%に比べて、日本の平均湿度は約70%もあり、特に梅雨時は、70～75%と高くなります。このような湿度の高い国で栽培するバラは、欧米では大丈夫でも、日本では病気になることがあっても仕方のないことかもしれません。うどん粉病以外にも様々な症状が出やすい梅雨時のバラ、できたら早めに予防策を講じておくことも大切です。

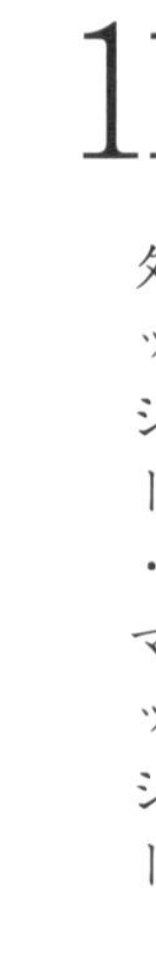

6月

11日

タッジー・マッジー

タッジー・マッジーとは、ハーブ等の香りや効能のある植物を小さなブーケにしたもののことです。ハーブは、虫よけや抗菌作用といった様々な効能が古くから認められ、「魔除け」としての役割もありました。

香りの良いバラやハーブを庭に植えておくと、簡単にタッジー・マッジーを作ることができます。ちょうど香りの良い‘フラゴナール’と‘ローズ・ポンパドゥール’、そしてラヴェンダー、ローズマリー、ミント、彩りに白いオルレアや、シルバーリーフのエレモフィラを庭から調達することができましたので、タッジー・マッジーを作りました。

摘んだ植物は必ず水切りを行い、水揚げを促します。ブーケを楽しんだ後は、花瓶に生けたり、逆さに吊るしてドライを作ったりして楽しんでいます。香りの良いブーケはちょっとしたプレゼントにもなり、とても喜ばれます。

6月 12日 フレンチラヴェンダー

ラヴェンダーの香りを感じながらの朝の水やりは、至福のひとときです。地中海原産のラヴェンダーは、暖かい陽の当たる場所で乾燥気味に育てると良いようです。南側の道路に面した場所が合っているのかよく育ち、毎年花を咲かせてくれています。フランスで主に栽培されているこちらのフレンチラヴェンダーは、ウサギの耳のような苞葉が湿気等から花穂を守っています。

古代ギリシャ、ローマ時代には、洗濯時に芳香と殺菌作用のあるラヴェンダーが利用されてきました。ラヴェンダーは、ラテン語の「lavare(洗う)」が由来となっています。まるで空気を洗うかのように、爽やかな芳香がたちこめる中にいると、こちらまで、心身が洗われるかのようです。

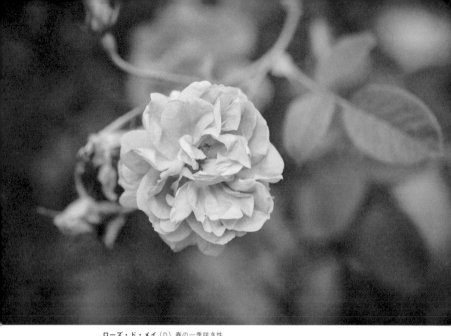

ローズ・ド・メイ（D）春の一季咲き性

6月

13日

ローズ・ド・メイ

マリリン・モンローが愛用していたことでも有名なフランスの香水「シャネルNo.5」は、南仏コート・ダジュール地方の香水の町「グラース」で誕生しました。そのグラースで香水の原料として栽培されているバラの代表品種が、こちらの‘ローズ・ド・メイ’です。豊かなダマスク香に、爽やかさと甘さを感じる素晴らしい香りのバラです。

グラースは海と山の間に位置し、温暖な気候と肥沃な土地に恵まれ、バラの他にもスミレやジャスミン、ラヴェンダー、オレンジブロッサム等の香水の材料になる花々が栽培されています。5月には「バラ祭り」が開催され、町中がバラの香りに包まれるそう。近年では、「ミス ディオール ローズ エッセンス（オードゥトワレ）」が、‘ローズ・ド・メイ’から誕生しています。

6月
14日
じっとがまん

春の花が終わった'ロサ・ムルティフローラ・アデノカエタ'(別名：ツクシイバラ)です。野生種で一季咲きのバラですから、また1年後にしか会うことが出来ません。1年に1回の再会の日もあっという間に終わってしまい、このような花殻が残った姿に。

他のバラと同様、カットしてしまいたいところですが、こちらのバラのもうひとつの魅力は、秋にオレンジ色のローズヒップをたくさん見せてくれることです。ですので、花殻は醜くてもカットはせずに、このまま取っておきます。しばらくすれば花殻もどこかへ消えてしまうのですが、それまでじっとがまんし、ローズヒップが膨らんでくるのを待ちます。

6月

15日

ブラックベリー

ベリーの季節、こちらはご近所さんから頂いたものです。大粒で採れたての新鮮なブラックベリーは大変みずみずしく、甘酸っぱい美味しさです。

実は、ブラックベリーとバラは、同じバラ科の植物です。ブラックベリーは、バラの野生種のような5弁の小さな花を咲かせます。なぜか心がときめく花や実は、バラと同じ科だったからだと気が付きました。他にもバラ科の果物には、ラズベリー、イチゴ、モモ、ナシ、ビワ、サクランボ、アンズ、リンゴ、カリン、ウメ、プルーン等があります。バラはバラ科バラ属、ブラックベリーはバラ科キイチゴ属と、属は分かれます。

6月

16日

ゴマダラカミキリ

6月になると、どこからともなく飛来するゴマダラカミキリ。特に梅雨の合間の雨が上がった日の朝、バラの枝の先端部分にとまっている姿をよく見かけます。長い触角に白星の綺麗な模様が特徴的ですが、そのまま放置せず見つけ次第、捕殺することが大切です。バラの太い幹の根本部分に産卵し、孵化した幼虫（テッポウムシ）は、1～2年かけて幹の内部を食害し、気付いた時には、幹の内部が空洞化され、枯れてしまうことがあるからです。幹の根本にオガクズのようなテッポウムシの糞を見つけたら、先端にノズルが付いた専用薬剤を注入し、一刻も早く駆除することが大切です。

6月

17日

梅の収穫

梅雨の季節の楽しみのひとつ、梅の収穫の時期がやってきました。梅はバラ科サクラ属の落葉高木の植物で、我が家の庭は実が大きい豊後梅（ブンゴウメ）を植栽しました。花は他の梅より少し遅れて咲きはじめますが、優しい薄いピンク色の花弁がとても綺麗です。

花を見て楽しみ、実でシロップやジャムを作って楽しんでいます。梅の実はクエン酸が多く含まれ、疲労回復効果が高いといわれます。バラの世話で忙しかった季節の後に実ってくれる梅の実は神様からの贈り物のようで、いつも楽しみにしています。

6月

18日

花と緑であふれる横浜

かつて北米航路シアトル線として太平洋を横断した貨客船「氷川丸」を背景に、横浜・山下公園には、バラの歴史を過去から未来へと受け渡す、シンボルガーデン「未来のバラ園」が2016年4月にリニューアルオープンしました。

1859年の横浜開港を機に、様々な西洋文明や植物等と共に日本へやって来たバラたちは、日本における新しいバラの歴史の始まりであった、と言っても過言ではないかと思います。それから約180年が経ち、世界大戦や関東大震災等で花々を失いかけた時代もありましたが、横浜は、そして日本は、こんなに多くのバラや植物が咲き誇る地となりました。

6月

19日

ローズガーデンウエディング

バラが咲き誇るガーデンでウエディングができたら、なんて素敵でしょう。バラは愛の女神アフロディーテの花ですし、写真のような「愛の神殿」の中で、愛を誓い合えたら一生の思い出になりますね。こちらは、箱根「山のホテル」のローズガーデンです。

プロポーズや結婚式には、世界中でバラが結び付けられています。プロポーズや結婚式の時、男性から女性に「ダズンローズ」と言って12本のバラの花束を捧げます。それぞれの本数によって意味があるのですが、12本のバラの花束には「それらすべてを誓います」や、「それらすべてを僕はあなたに捧げます」という意味が込められているそうです。

6月

20日

ルドゥーテの『バラ図譜』

1817 ～ 1824年、マルメゾン城で栽培されていたバラを描いた『バラ図譜』全3巻の初版フォリオ版が刊行されました。初版には169枚のバラの絵と、リースの扉絵の合計170枚の原画を描いています。高度な銅版技法であるスティップル・エングレーヴィング（点刻彫版法）で描き、多色刷りの上に水彩絵の具で手彩色が施されています。そして「分類学の父」と呼ばれるスウェーデンの植物学者、博物学者、生物学者のカール・フォン・リンネによって、各バラに付けられた学名が記されました。当時珍しかった中国由来のバラの絵も多く見ることができます。

『バラ図譜』の原画は、1837年にベリー公妃マリー＝カロリーヌの口利きで国家に買い上げられましたが、残念ながら1871年のルーヴルの図書館の火災で消失したといわれています。

6月
21日
ナポレオンの最初の妃、ジョゼフィーヌ

ジョゼフィーヌ(本名:マリー=ジョゼフ=ローズ・タッシェ・ド・ラ・パジェリ)は、1763年フランス領西インド諸島マルティニク島で、小貴族出身の農園主の娘として誕生しました。1779年にパリへ向かい、子爵アレクサンドル・ド・ボアルネと結婚して2人の子供を出産します。

フランス革命時には夫と共にカルム監獄に投獄され、夫のアレクサンドルは処刑されてしまいますが、クーデターが起こり、ジョゼフィーヌは処刑を免れました。

1795年、有力議員バラスの開催する夕食会で、ヴァンデミエールの反乱を鎮圧したナポレオンとジョゼフィーヌは初めて出会いますが、「ローズ」と呼ばれた華やかなジョゼフィーヌは、みすぼらしいフロックコートを着たナポレオンの姿に魅力を感じなかったようです。ですがその後、夫の形見である剣の返却の許可をもらうためナポレオンの元へ息子に行かせたり、国内軍司令官へと昇進したナポレオンに手紙を書くなどして急速に近付き、ジョゼフィーヌとナポレオンは結婚に至りました。そしてナポレオンのエジプト遠征中に、ジョゼフィーヌはパリ西部近郊リュエイユのマルメゾン城を購入し、マルメゾン城の庭園に世界各地の植物や動物を集めていくこととなります。

1802年、国民投票でナポレオンがフランス共和国の終身統領に就任し、2年後にはナポレオンは皇帝に、ジョゼフィーヌは皇后になります。しかし2人の間に子供を授からなかったことから、1809年に離婚。失意のジョゼフィーヌには皇后の地位と称号、エリゼ宮とマルメゾン城は残されます。ジョゼフィーヌはマルメゾン城を主な居城とし、肺炎で亡くなるまでそこで過ごしました。

ジョゼフィーヌがマルメゾン城に集めたバラたちは、宮廷画家ルドゥーテによって『バラ図譜』にまとめられ刊行されました。残念ながら、ジョゼフィーヌは『バラ図譜』の完成を見ずに亡くなっています。そこに描かれたバラたちは、「ローズ」と呼ばれた女性ジョゼフィーヌの、愛と栄光の思い出の象徴のように思えてなりません。

6月
22日
マルメゾン城

ジョゼフィーヌは、マルメゾン城について「ヨーロッパで最も美しく興味深い庭園、良き洗練のモデル、近い将来、全フランスの豊かさの源となることを願っています」と語り、世界各地の珍しい動植物を熱心に収集しました。数多くの外来動物が庭園で飼育され、ジョゼフィーヌの寝室からはバラの咲く庭が一望できたとのことです。

温室には、10年にわたり世界各地に探検隊や植物学者やプラントハンターを派遣して、収集した植物が繁っており、これはナポレオンの財力と広大な領土がなければ成し遂げることは叶わなかったことでしょう。1814年に没するまでの間、ジョゼフィーヌがフランスで初めて栽培した植物は約200種といわれています。なかでもバラのコレクションは膨大で、栽培されたバラは250種にのぼりました。育種家たちを雇い、交配技術を向上させ、その結果、多くの新品種が誕生しました。さらにお抱え宮廷画家ルドゥーテが、マルメゾン城のバラを描き当時のバラの記録を残す等、マルメゾン城はバラの歴史の舞台となりました。

ロサ・モスカータ（Sp）春の一季咲き性

6月

23日

ロサ・モスカータ

春に他のバラより遅れて、純白の5弁の花を無数に咲かせます。「モスカータ」とは、「麝香（ムスク）のような香りをもつ」という意味で、特徴的な、鼻にツンとくるような強い香りがあり、夜に一層強く香ります。バラの香水には、圧倒的にダマスク香のバラが利用されますが、ムスクの香りのロサ・モスカータも利用され人気があります。

このムスクの香りを愛したことで有名なのは、ナポレオンの最初の妃、ジョゼフィーヌです。ジェニファー・ポッター著『バラ』には、ジョゼフィーヌが世界中からバラを集めたマルメゾン城の私室では、彼女の死から60年経ってもムスクの香りが漂っていたという記載があります。

6月

24日

今日咲いたバラ

庭に咲いているバラを集めて花器に生けるのは、最も楽しみなことのひとつです。今日咲いたバラ、そのバラに合う植物、それらを組み合わせて、自分の庭ならではの、オリジナルなブーケやアレンジが出来上がります。八重咲きが、'フィリス・バイド'(CL)、ロゼット咲きが、'マリア・テレジア'(F)、カップ咲きが、'ルイーズ・オディエ'(B)、白い小花はオルレアです。

何年も前に植えて、育て続けて、今日目の前に咲いたバラは、とても輝いて見えました。

6月

25日

アジサイとバラ

アジサイとバラの花をカットして、室内で吊るしてドライにしました。梅雨の時期の楽しみになっています。庭でカットした太めの枝や、流木等を拾っておいて乾燥させ、ペンキで白く塗装すると、素敵なハンガーになります。

6月

26日

雨の日の後ろ姿

まるでお母さんの後ろで、雨に当たらないようにかくれている子どもの蕾。雨が当たり続けると、ボーリングする（開花しない）場合も多くなりがちです。株元だけに降る雨はなく仕方のないことですので、ボーリングに関しては、自然現象として捉えています。

6月

27日

香りの良い植物を集めて

部屋に植物を飾る時、私は自然な雰囲気が好きで、なおかつ香りのする植物にしたいと思っています。ハーブのローズマリー、ミント、ラヴェンダー、香りの良いバラ、白い小花を咲かせるヤロウや、オルレア等がお気に入りですので、現在の庭を新しく作った時にも、それらの植物を欠かさず植栽しました。どれも一度植えれば、毎年、庭で出会える植物たちです。

今日は、ちょうどお気に入りの植物たちがすべて良い状態で揃いましたので、庭から切って部屋に連れてきました。バラはミルラの香りのする'ヒーリング'(HT)です。2番花ですので一回り小さく咲きましたが香りは強く、他のハーブたちと香りのハーモニーを奏でているようです。

ローズ・ポンパドゥール（S）　2009年　フランス　Delbard作出　四季咲き性

6月

28日

ローズ・ポンパドゥール

ルイ15世の公妾ポンパドゥール夫人に捧げられたこちらのバラは、直径10～15㎝ほどの大輪で、甘いフルーティー香が強く香ります。花色は夫人がお好きであったといわれる「ポンパドゥール・ピンク」と呼ばれる青みがかったピンク色で、他のバラより少し早く咲き始めます。見応えのある花は、ポンパドゥール夫人のドレスのようにふっくらとしたカップ状に咲き始め、その後、クオーターロゼット咲きとなります。広げた枝先に大輪の花を咲かせますので、フェンス等の誘引ができる場所に植えると良いようです。

6月

29日

ローズゼリー

初夏にぴったりの、ひんやり爽やかなローズゼリーのレシピです。

【材料】（200㎖グラス3個分）

・粉ゼラチン … 10g
・バラの花弁 … 大輪のバラ4輪分
・砂糖 … 大さじ5
・レモン汁 … 少々

【作り方】

❶鍋に水600㎖を入れて沸騰させ、水洗いしたバラの花弁を入れてアクを取り除く。

❷①に砂糖を加え、よく溶かす。

❸蓋をして約2〜3分中火で煮る。

❹火を止め、③にふやかした粉ゼラチンとレモン汁を加え、よく混ぜ合わせる。

❺蓋をして約3分放置する。

❻お好みの容器に流して、冷蔵庫で冷やし固めれば出来上がり。

6月

30日

バラとミルクのマリアージュ

自宅でよくつくるデザートを紹介します。仕上げにバラの花弁を飾れば華やかでお洒落なおもてなしスイーツに。

【材料】（200㎖グラス３個分）

<ミルクムース>

・とみざわ寒天シリーズ ムースの素 ミルク（富澤商店）…１袋
・牛乳 … 300㎖
・ローズゼリー（p.190）… 適量

【作り方】

❶ボウルに、冷やした牛乳と、ムースの素１袋を入れて、泡立器でとろみが付くまでよく混ぜ合わせ、ムースを作る。

❷①をグラスに分け、冷蔵庫で冷やして固める。

❸固まったら、ローズゼリーをフォークなどで細かくし、②にのせる。

7月

1日

夏のティータイム

梅雨が明けて急に陽射しが強くなる季節、バラたちもだんだんと花がコンパクトになり、春の表情とは違った趣になってきます。それも、「季節感ある表情」と捉え、受け入れることが自然なのだと思います。

夏の庭からカットしてきたバラをテーブルに飾り、時の経過を感じながらのティータイムです。それでも花があると無いでは大違い、テーブルにやはり華を添えてくれるのでした。

7月
2日
マメコガネ

梅雨の頃から夏中、庭で見かけるようになるコガネムシ。写真はマメコガネです。マメコガネは日本在来種で、体長は約10mm、光沢のある緑や黄金色をしています。綺麗な虫ですが、放置しているとバラの葉や花弁を食害します。成虫はたった2週間の命ではありますが、産卵し孵化した幼虫は、バラの根を食害し、バラが枯れてしまうことも少なくありません。薬剤やトラップ等の駆除方法がありますが、私は手で捕殺しています。

コガネムシに似ているカナブンは樹液を吸い、ハナムグリは花の中に潜り込んで花粉を食べます。カナブンやハナムグリの幼虫は腐葉土などを主に食べるそうですが、なかなか見分けがつきにくく、バラの花や葉を食害する光沢のある虫には注意しています。

7月

3日

サマープディング

イチゴやラズベリーなどの果物が詰まった甘酸っぱいサマープディングに、バラの花弁を飾れば、花の香りもプラスされ、見た目もお洒落に出来上がります。

【材料】（深さ9cm、直径18cmのボウル1個分）

・冷凍ミックスベリー … 1kg
・サンドイッチ用食パン … 12枚
・砂糖 … 大さじ6
・レモン汁 … 大さじ1
・赤ワイン（またはザクロジュース）… 200mℓ
・トッピング（ミントの葉、バラの花弁など）… 適宜

【作り方】

❶冷凍ミックスベリー200gを飾り用に分けておく。

❷鍋に冷凍ミックスベリー800g、砂糖、赤ワインを入れ、ミックスベリーに火が通ったら火を止め、レモン汁を加えて軽く混ぜる。

❸ざるでミックスベリーと液体に分ける。液体は捨てずにとっておく。

❹ボウルにラップを敷く。あとで中身を取り出しやすいように、ラップの端はボウルの縁から少し出しておく。

❺食パンを③の液体に浸してしみ込ませ、ボウルの底とサイドに並べるようにして敷き詰める。

❻⑤にミックスベリーを詰め、残りの食パンで上から蓋をし、軽く押さえる。

❼半日〜1日間、冷蔵庫で寝かせる。

❽ボウルから取り出し、皿に盛り付け、飾り用にとっておいたミックスベリー、バラの花弁、ミントの葉を飾る。

7月

4日

水をたっぷりと

庭からバラを摘みとってきたら、すぐに水を張ったバケツやボウルに入れましょう。切り花を長持ちさせるには、水分を失わせないことが重要です。水分を多く吸ってくれるように、枝の切り口を斜めにして、切れ味の良いハサミで水切りします。水中で切ることで、切り口から空気が入ることと、乾燥を防ぐことができます。

早くアレンジメントを生けたい思いを抑えて、水揚げの時間をたっぷり取ることが、後々の花持ち時間を長くしてくれます。

7月

5日

バラとハーブ

南側の道に面したフェンスに這わせたバラの下には、ローズマリーとフレンチラヴェンダーを植栽しています。どんなバラの花色にも合う青紫色とグリーンは、爽やかな香りを放ちながら、心地よいボーダーを形成しています。

バラは、手前から'ジャスミーナ'(Cl)、'ボルティモア・ベル'(R)、その上部は'ポールズ・ヒマラヤン・ムスク'(R)。奥のピンクのバラは'メイ・クイーン'(R)です。白い'ボルティモア・ベル'の間に、薄い青紫のクレマチスを、全体的な調和が出るように配しています。

道に落ちた花弁の掃除は行わなければなりませんが、ほとんどの花弁がローズマリーとフレンチラヴェンダーの間に落ちてくれます。小さな花弁のバラを選ぶことで、そのまま土にかえり、メンテナンスも楽になります。

7月

6日

ティーカップを花器に

花が小さく、茎も短くしか切ることができなかったバラは、花器が大きいものや深いものだとバランスが上手く取れません。そこで、花器ではなくても、ちょうど大きさが合う器を選んで活けてみると案外良くマッチするものです。

今回は、スポード社のティーカップに、庭のサマーローズを生けてみました。ブルー＆ホワイトのカップ＆ソーサーが、バラの花色を引き立て、お互いのクラシカルな雰囲気をより盛り上げているかのようです。

7月 7日 台風の季節

年々強くなっているように思う台風ですが、株が育ってきた庭のバラたちは、私の心配をよそに逞しく立ち向かっているように感じられます。ただ、小さな鉢植えのバラは風除けのある場所に避難させたり、大切なシュートは折れないようにフェンスに固定する等、台風の予報が出たら、できる限りバラを守れるように手を尽くしています。

そして、台風が過ぎ去った後は病気の予防のために、葉に水をかけて汚れを洗い落とします。

アスピリンローズ（S）　1997年　ドイツ　Tantau 作出　四季咲き性

7月

8日

アスピリンローズ

解熱鎮痛薬として有名なドイツのバイエル社の「アスピリン」。その名を冠した‘アスピリンローズ’は、大変強健な修景バラとして、ADRの認証を受けています。ADRとは、世界で最も審査が厳しいことで知られる新品種認証システムのことです。ドイツ全土11か所で、薬剤散布をせず3年間試験栽培が行われ、強健性のみならず、花の美しさ・連続開花性・耐寒性・耐病性等、一定の基準を満たした品種のみを「ADRローズ」として認証します。審査の基準は年々上がり、基準に満たなくなった品種は、せっかくの認証を取り下げられることもあるそうです。それほど厳しい認証システムに合格したバラだけあって、‘アスピリンローズ’は本当に元気に花を咲かせます。満開時は白く見えますが、花の中心部にうっすらと優しいバラ色をのせ、小さくてもエレガントで美しい花を咲かせます。

ノヴァーリス（HT）　2010年　ドイツ　Kordes作出　四季咲き性

7月

9日

ノヴァーリス

名は、ドイツのロマン主義の詩人、小説家、思想家、鉱山技師であったゲオルク・フィリップ・フリードリヒ・フォン・ハルデンベルク（1772年5月2日 - 1801年3月25日）の執筆名「ノヴァーリス」に因みます。

藤色の整った大輪の花を咲かせ、重たげに少し俯く姿は、豪華さの中にエレガントな雰囲気を醸し出し、見る人の心を捉えて離さない魅力があるようです。ブルーローズの中でも、育てやすいのも嬉しいところです。強健な性質から公園等でも多く植栽され、目を惹きます。香りがあまり感じられないのが残念ではありますが、育てやすいブルーローズとして、人気を博しています。

7月

10日

植物画家ルドゥーテ①

ピエール=ジョゼフ・ルドゥーテ（1759年7月10日 - 1840年6月20日）は、ベルギー（当時はルクセンブルク公領）、サン・チュベールで、代々画家として生計を立てていた家族の次男として誕生しました。幼少期より父親から絵画を学び、修道院の修道僧から、薬草の見分け方や森の植物等を学んで育ちました。13歳の時にネーデルラントへ絵の修業に出かけ、フランドルでヤン・ファン・ハイスムの花の絵に出会います。その絵を見たルドゥーテは、将来、自分も花の画家になろうと思ったとのことです。

その後23歳の時に、パリで装飾画家として成功していた兄アントワーヌのところに身を寄せ、仕事を手伝いながら、時間が出来るとよく国王ルイ13世の時代に創設された「王立薬草園」（現在のパリ植物園）へ通い、植物の絵を描いていました。写真は現在の「パリ植物園」です。「王立薬草園」では、運命的な出会いが待っていました。元官吏でアマチュアの植物学者シャルル=ルイ・レリティエと知り合ったのです。彼を通じて、植物学の知識を深め、絵の正確さが増していくことに繋がったばかりか、レリティエを通して人脈も広がっていきました。イギリス滞在中のレリティエに呼ばれ、キュー王立植物園に集められた希少植物を記録するための挿絵の一部を制作する機会に恵まれました。この時、スティップル・エングレーヴィング（点刻彫版法）の技法を学びます。

帰国後、レリティエの紹介で出会った、ルイ16世の王室付き細密画家、自然史植物館の教授でオランダ生まれのヘラルド・ファン・スペンドンクに見込まれ、フランス王室が世界中から集めた動植物を描く一員になりました。そして1789年、王妃マリー・アントワネットの植物収集室付き素描画家の称号を得ることになります。しかし間もなくフランス革命により、国王一家はヴェルサイユ宮殿からパリのテュイルリー宮殿に身柄を移されてしまいます。

かつて通いつめ植物の絵を描いていた「王立薬草園」は、新たに創設された自然史博物館の一部となりました。外国人であったことで生き延びたルドゥーテは、その自然史博物館付きの画家として、弟アンリと共に任命されます。

そしてナポレオンの妻ジョゼフィーヌに樹木類を描いた画集を献呈し、ジョゼフィーヌが購入したマルメゾン城の改修に、装飾画家の兄のアントワーヌと共に呼ばれ、内装の装飾等を担当するようになります。それ以来、ルドゥーテは、マルメゾン城に出入りする機会が増え、ジョゼフィーヌが世界中から集めた植物の絵を描くようになっていきます。また、ルドゥーテの弟アンリは、ナポレオンのエジプト遠征時に、動物記録画家として随行しています。

7月

11日

植物画家ルドゥーテ②

ルドゥーテのその後の生涯を、もう少し追ってみましょう。

1799年、ルドゥーテは、ドン・カンドールの『多肉植物図譜』の挿絵を描きますが、この時、初めてスティップル・エングレーヴィング（点刻彫版法）を導入しました。これにより、押し花標本になりにくいサボテンなど、厚みのある植物を立体的に表現することができるようになりました。1805年パリ郊外のムードン・ヴァル・フルーリに荘園を購入、邸宅兼庭園としました。その2年後にはパリ、セーヌ通りにアトリエを構え、ここで、多くの貴婦人たちに絵画を教えることになります。そして自然史博物館図画講師となり絵画指導を続けますが、この間にも、歴史に残る数々の名著を刊行し、レジォン・ドヌール勲章を授与されています。

1840年、若い弟子が持ってきてくれた白ユリを観察中に脳卒中で倒れ、翌日81歳の生涯に幕を閉じました。ルドゥーテの棺の上には、バラとユリの花環が飾られ、「花の女神と美しき世界とに愛された画家よ、春が去り行く日に君もまた我らのもとを去る」の言葉が捧げられました。

7月

12日

アンティークが似合うバラ

アンティークのジャルディニエールには、ガーデンから摘んできたクラシカルな雰囲気のバラがとてもよく合います。今回は、アプリコットピンクの‘マリア・テレジア’(F)、黄色の‘ゴールデン・ボーダー’(F)、ピンクとアプリコットの複色の‘フィリス・バイド’(Cl)を活けました。

温室育ちのバラではなく、気候の影響が出やすいガーデンローズは、その逞しさが表情に表れ、意図しないながらも深い味わいとなって、「生」を強く感じさせます。そのことが、年月を重ねたアンティークの花器と合う理由なのではないかと思います。

7月

13日

雨上がりの庭で

雨上がりの匂いたつ庭に出ると、花弁にたくさんの雫をたたえながら俯く美しいバラの姿を見かけることができます。なぜだかわかりませんが、これから良いことが起こりそうな、前向きな気持ちにしてくれる力がバラにはあると感じるひとときです。

7月

14日

わばら

滋賀県守山市に農園を構えるローズファームケイジさん。こちらでは、バラ作家の國枝啓司さんがオリジナルの「わばら」を作出されています。我が家にバラの花が無い時期に、ハウスで大切に育てられた切り花を送って頂いております。優しい香りとたおやかな雰囲気の美しい花たちに魅了されます。

7月

15日

時の経過に例えて

朝に見回りをした時には綺麗な花を咲かせていたのに、その日の午後にはもう萎れていたりと、バラを育てていると、美しい時は一瞬で、時の経過を改めて意識させられることがよくあります。

満開の後に必ず訪れる花の散る時は、「良いことはいつまでも続かない」といった教訓も思い起こさせます。時間が止まって、このままずっと咲いていてほしいとどんなに願っても、時間は刻々と過ぎ行き、花は散っていくのです。

このようなことから、花は今まで様々な詩人や作家、画家や芸術家たちにインスピレーションを与えてきました。花をモチーフとする作品の大半の共通点として、“時”は、永遠ではなく、今を大切に、というメッセージが込められているように思います。

7月

16日

雨の日は窓越しに

雨の雫がついた窓越しに見る屋外のバラは、しっとりと落ち着いた雰囲気で風情があります。忙しかったバラの季節が駆け足で過ぎ去った後、ほっと一息ついて、バラの写真の整理や、これからの予定をじっくり考えるには、ちょうど良い時間です。

今年新たに出会ったバラの性質を調べたり、どこで入手できるか検索したり、そしてお迎えした後の植栽場所を考えたり……。バラの世話で動きまわっていたら出来ないことが出来る時間を、私はよく雨の日に、窓越しにバラを眺めて過ごしています。

7月

17日

犬と過ごす庭

ウエスト・ハイランド・ホワイト・テリアの「ハチ」が我が家に来てから、もう8年になろうとしています。私がガーデニングを行っている間ずっとそばに居てくれて、特に寒い冬の間などは励ましと安堵感を与えてくれます。春にバラが咲きはじめると一緒に喜び合い、バラの香りに鼻をくんくんさせながら歩き回っています。

人間より何倍も嗅覚が敏感な犬の居る庭でバラを育てる場合は、犬のためにも、バラの薬剤には気を配らないといけないと思っています。薬剤メーカーも、年々、新商品を開発して下さり、ナチュラル系やオーガニック系の薬剤も増えてきました。私も、もし薬剤を使用する場合は、環境に優しい薬剤を選ぶようにしています。また、薬剤ばかりに頼らず、病害虫に強いバラを植えるようにし、まめに見回って害虫を見つけたら、手で捕殺するようにしています。

7月

18日

繰り返す季節と共に

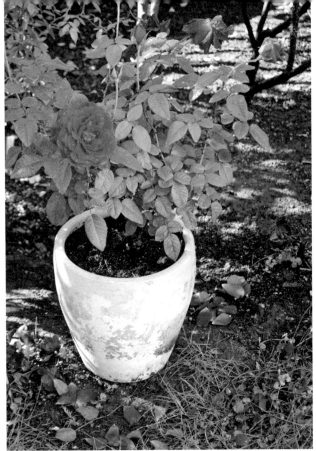

花の散り際はどこか哀愁を秘めた雰囲気を持ち合わせます。ですが、散った花がある一方で新しく蕾を上げている姿もよく目にします。蕾は再生を表し、若さや希望を含んでいます。花が咲き終わっても、また来年がやって来て、繰り返す季節と共に、時は進んで行きます。

万が一バラが苗ごと枯死してしまっても、新しい苗に出会えるチャンスと捉えましょう。時の経過は誰にも止められず、自分では仕方のないことに、いつまでも心を奪われていてはいけない、とバラが教えてくれています。

7月

19日

急な嵐の日には

天候が不安定で、急な嵐の日が多くなってきたと感じる近年、せっかく咲いたバラたちも、枝が折れてしまったり、花弁が傷んだり、散ってしまうことがよくあります。そんな日は躊躇せず早めにバラをカットして、室内で愛でて楽しみます。

7月

20日

生ハムで作るバラ

普通の生ハムも、ちょっとした工夫で華やかなバラに変身します。1つのバラにつき3枚ほどの生ハムで、芯を作り巻きながら花形を作ります。レタスの葉で緑を添えて、お好みでローズソルトやオリーブオイルをトッピングすればお洒落な一品に。

ロサ・ルゴーサ（Sp） 別名ハマナス、ハマナシ 返り咲き性

7月

21日

ロサ・ルゴーサ

「ルゴーサ」はラテン語で「ひだのある」を意味し、葉には確かに、ひだのように見える葉脈があります。寒さに強く、寒冷地の生垣や道路沿いに植栽されたり交配親に利用され、いくつかの名花の誕生に貢献しました。日本では北海道の海岸で自生する姿が見られ、六花亭の包み紙にも、北海道に縁ある花のひとつとして描かれています。

ロサ・ルゴーサは、「分類学の父」と呼ばれるカール・フォン・リンネの弟子であるカール・ペーテル・ツンベルクによって、日本からヨーロッパにもたらされました。出島商館付き医師として江戸時代の鎖国期の日本に1年滞在し、日本の植物学や蘭学、西洋における東洋学の発展に寄与しました。現在のヨーロッパでは、日本からやって来たバラであることや、皇后雅子様のお印でもあることから「ジャパニーズ・ローズ」と呼ばれています。

7月

22日

色づきはじめのローズヒップ

ロサ・ルゴーサは、花後は大きなローズヒップが実り、返り咲きする花とローズヒップが同時に見られることもあります。6～7月頃、グリーンのローズヒップは薄くオレンジがかってきます。ローズヒップの中でも、色、艶、大きさと三拍子揃い、見た目も特に美しく、この時期から鑑賞用として充分楽しめます。さらに、秋～冬の収穫時期には、そのローズヒップを利用したお茶やジャム等、暮らしの中で様々に利用でき、大活躍してくれます。

7月

23日

武器としてのバラ

日本におけるバラに関する記述が最も古いといわれる、721年頃に成立した『常陸国風土記』の茨城郡の条には、「穴に住み人をおびやかす土賊の佐伯を滅ぼすために、イバラを穴に仕掛け、追い込んでイバラに身をかけさせた」と記されています。この他、「イバラで城を築いた」「イバラで防いだ」ということから、この地方を茨城と呼ぶようになったといわれています。

この時代のバラは、花を鑑賞するというよりは、自分たちの生命を守るために、棘を武器として利用することの方が重要であったとわかります。

7月24日 鉢植えへの水やり

鉢植えは地面より高くなっていますので、上から下へ水分が流れやすく、水やりを怠ると枯れてしまうこともよく見受けられます。限られたスペースの中で、根はぎゅうぎゅうに、窮屈な状態になっている場合もあります。

鉢植えの水やりで注意しなくてはいけないのは、水はけの良い用土に植えて、まんべんなく水分をたっぷり与えることです。水はけの悪い用土だと、水が腐り、根腐れも起こってしまいます。また、鉢の中央のみに水を撒くと、根に充分に水分が届かない場合もあります。まんべんなく、たっぷり与えることが大切です。私は一鉢につき、目安として最低5秒ずつ水やりをすることを心がけています。

7月

25日

バラ形ポテトクリーム、ガスパチョ寄せ

甘いお菓子が多いバラのパーティーにあると嬉しい一品です。夏野菜を使った華やかでお洒落なセイボリーフードです。

【材料】（5cm丸型5個分）

＜ガスパチョ＞（200g）
- トマト … 100g
- 紫玉ねぎ、キュウリ、赤パプリカ、セロリ … 各20g
- ニンニク … 1/2かけ
- 茹でたビーツ … 10g
- オリーブオイル、レモン汁、ビネガー … 各大さじ1

＜ガスパチョのゼリー寄せ＞
- 茹でエビ、茹でダコ、キュウリ … 各50g
- 赤パプリカ … 25g
- セロリ … 12g
- ディル … 5g
- コンソメキューブ … 1個
- 水 … 25mℓ
- ゼラチン … 7.5g
- ガスパチョ … 200g
- キュウリ（飾り）… 1/2本

＜ポテトクリーム＞
- ジャガイモ … 100g
- クリームチーズ … 50g
- 生クリーム … 25mℓ
- マヨネーズ … 大さじ1
- 塩、コショウ … 各少々
- 茹でたビーツ … 20〜30g

- ラズベリーフレーク … 適量

【作り方】

❶ガスパチョを作る。ビーツ以外の野菜をざく切りにして、ビネガー、塩、コショウ、オリーブオイル、レモン汁を加え、フードプロセッサーまたはミキサーにかける。刻んだビーツを加えて赤くし、冷蔵庫に入れて冷やしておく。

❷ガスパチョのゼリー寄せを作る。殻をむいた茹でエビ、茹でダコ、キュウリ、パプリカ、セロリ、ディルをみじん切りにする。

❸鍋に水を入れて火にかけ、コンソメを溶かしたら、ふやかしたゼラチンを加えてよく混ぜる。

❹①と②をよく混ぜ合わせ、さらに③を加えて混ぜる。

❺④を丸型に流して、固まるまで冷蔵庫で冷やす。型から外し、ピーラーで薄くスライスしたキュウリで周りを囲む。

❻ポテトクリームを作る。皮をむいて茹でたジャガイモ、クリームチーズ、生クリーム、マヨネーズ、塩、コショウをフードプロセッサーでよく混ぜ合わせる。

❼⑥にビーツを入れてフードプロセッサーを再度回し、赤色にする。

＜仕上げ方＞
星形の口金を付けたポテトクリームを絞り袋に入れ、ゼリー寄せの上にバラ形に絞り、ラズベリーフレークを散らして出来上がり。

ロサ・ギガンティア　（Sp）　春の一季咲き性

7月

26日

ロサ・ギガンティア

ティー・ローズの祖である中国南西部、ミャンマー原産のバラで、「ティー・ローズエレメント」と呼ばれるジメトキシ-5-メチルベンゼンが主香気成分です。「ギガンティア」とは、「巨大な」を意味し、先が剣弁の白く大きな5枚弁を持ちます。 18世紀に、このロサ・ギガンティアの流れを汲むチャイナ・ローズがヨーロッパへ導入されると、ティーの香りと剣弁の花弁を引き継いだティー・ローズが作出され、後のモダンローズにも、その性質は受け継がれていきました。

7月

27日

ワイルド・イヴ

中輪のエレガントなロゼット咲きの花は、温かみのある花色がとても綺麗です。たおやかで優しい雰囲気のバラですが、暑さに強く、年々暑くなる夏に頼もしい一品種です。品種名は、トーマス・ハーディの小説、『帰郷』の登場人物にちなみます。

ワイルド・イヴ（S）　2003年　イギリス　David Austin作出　四季咲き性

7月

28日

アンジェラ

明るいピンクのセミダブルの花は、ゆるいカップ咲き、花付きも良く、丈夫なつるバラとして人気があります。アンジェラとは女性の天使の意味で、まさに空に向かって元気に舞う天使のようです。樹勢が強いため、それなりのスペースが必要になりますが、満開時は圧巻です。

アンジェラ（CL）　1984年　ドイツ　Kordes作出　四季咲き性

7月

29日

ティーカップに浮かべて

花弁を広げた香りの良いバラを1輪、水を入れたティーカップに浮かべてみて下さい。カップのハンドルを手に持って鼻の近くまで持っていけば、豊かな香りを堪能することもできます。

私は、このティーカップとバラを合わせた楽しみ方がとても好きで、この至福の時間を大切にしたいといつも思っています。

7月

30日

モナンローズ

こちらは、フランスMONIN社のノンアルコールのローズシロップです。市販のローズシロップですので、四季を問わずいつでも入手でき、私も自家製のローズシロップが無い時期に愛用しています。濃厚なバラの香りを楽しむことができますので、バラの風味を手軽に飲食に利用したい方におすすめです。

7月

31日

ガラスのローズボール

ローズボールは、ガラスの花器の中に、花を分けて挿せるようにメッシュ状の金属が付属されているものです。庭から摘んできたバラをこんもりとバランス良く挿すことができて、とても重宝しています。

クリスタル等ガラス製のものから陶器、磁器のもの等、材質は様々です。夏は、水が透けて見えるガラス製のローズボールを利用すると、バラを通じて少しでも涼を得ることができるようで、愛用しています。

8月

1日

暑さに強いバラ

年々暑さが増しているように思える日本の夏。ここ数年、他のバラと同じようにお手入れをしていても、夏を越せないバラが毎年2～3株、出てきています。庭で育てるバラは、この暑い夏を乗り越えられるかが鍵となってきているように思います。そんな真夏の庭でも元気でいてくれるバラ、葉を落とさず、次々蕾を上げてくれるバラには、本当にこちらが元気をもらえます。そして、摘蕾したサマーローズが花開く光景は、幸せで胸がいっぱいになります。

これからも、暑さに強いバラの品種を見極めながら、バラのある暮らしを続けていけることを切に願います。

8月

2日 剪定鋏

こちらの剪定鋏は、高価なものではありませんが使いやすく、刃の部分を研ぎながら、10年以上毎日愛用しています。毎朝の庭の見回りの際にはこの剪定鋏をポケットに入れて持ち歩き、剪定の必要性に気付いたら、すぐにカットできるようにしています。

8月

3日 夏の庭仕事で

以前は捨ててしまっていたサマーローズの蕾ですが、本当にもったいないことをしていました。水揚げがちゃんとできると、次第に蕾が花開き、小さい花ながらも可愛らしい姿を室内で見せてくれます。

サンセット・グロウ（CL） 2007年 イギリス Warner作出 四季咲き性

8月

4日

サンセット・グロウ

「夕焼け」の名が付いたこちらのバラは、アプリコットオレンジの花色で、波状の大きな花弁からは、フルーティーな香りが強く香ります。7つの世界のバラのコンテストで金賞に輝き、耐病性に優れ、特に耐暑性に優れることから、現代の地球温暖化時代において、頼もしいバラのひとつであるといえるかと思います。また、クライミング・ローズで、なおかつ香り豊かなバラは、たくさん花が咲く春には、まるで香りのシャワーを浴びているかのような幸せに包まれます。

8月

5日

黄色いバラの意味

黄色は明るく元気が出るイメージですが、西洋では、黄色はキリストを裏切ったユダの着衣の色とされ、「裏切り」「不実者」「不貞」「浮気」を象徴する色と云われています。

近年では「友情」「楽観主義」「温かな友情」を象徴する色ともいわれ、時代と共に「色」への認識も変化するようですが、とりあえずは、愛する人へのプレゼントに黄色いバラは贈らないようにした方が無難なようです。

8月 6日

ローズシロップ

中、大輪の香りの良いバラの花弁3～5輪分（小輪や花弁が少ないバラは6～8輪）を軽く水洗いし、外側の硬くなった花弁や、傷んだ花弁、虫食いの花弁を取り除きポットへ。熱湯200㎖をポットへ注ぎ、蒸気が漏れないようアルミホイル等で覆い5分間蒸らします。茶漉しで漉して液体を抽出し、砂糖大さじ5とレモン汁小さじ1を加えて出来上がり。ローズドリンク他、お菓子作りや料理の際、香りづけに活用しています。

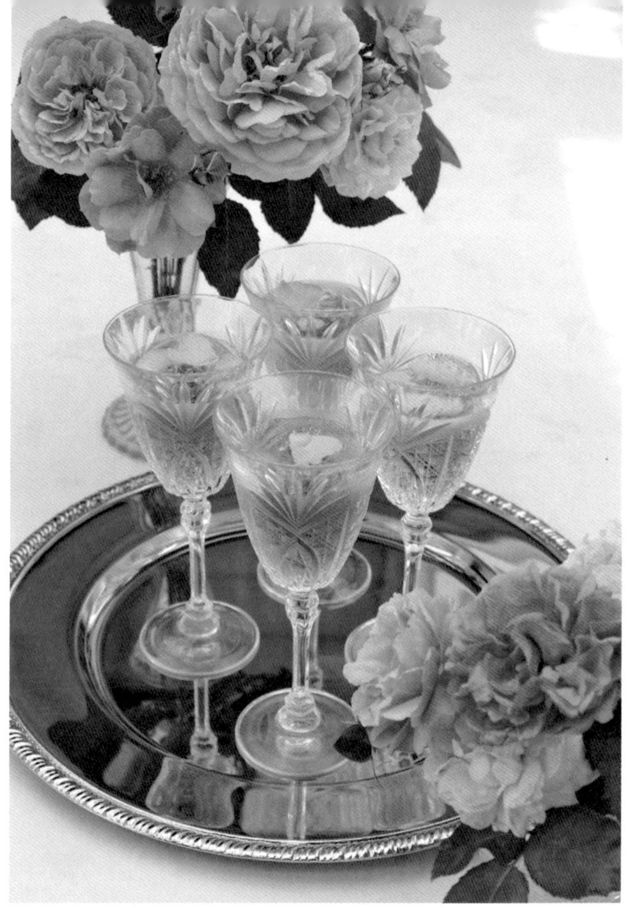

8月

7日

ローズドリンク

バラの季節に訪ねてきてくれたお客様に、ウエルカムドリンクとして、喉を潤して頂くためにお出しするのがこちらの「ローズドリンク」。口に含んだ瞬間に豊かなバラの香りが広がり、バラの季節の到来をお楽しみ頂けます。
ローズシロップ（P226）と炭酸水（または水）を1：1の割合で混ぜ、氷を入れたグラスに注ぎ、花弁を浮かべれば出来上がり。

8月

8日

支倉常長が持ち帰った西洋のバラ

仙台藩主伊達政宗の命により、慶長遣欧使節団（1613 ～ 1620年）使節となった支倉常長がヨーロッパより持ち帰ったとされる西洋のバラの画が、宮城県松島にある円通院の国指定重要文化財、三慧殿の厨子に描かれています。円通院は、伊達政宗の嫡孫で、将来を有望視されながら、惜しくも19歳の若さで亡くなった光宗を祀る臨済宗妙心寺派の寺院です。三慧殿は1647年に、光宗の死を悼んで父忠宗が建てた霊廟です。

三慧殿の中央には白馬に乗った光宗像があり、その左右には、殉死した7人の像と共に祀られています。そして向かって右側の上に、赤い花弁と7枚の葉のバラの絵が描かれていますが、こちらがヨーロッパへ渡った支倉常長が持ち帰った「日本最古の洋バラ」が描かれた絵といわれています。

支倉常長はメキシコ、スペインとの通商を求めて、スペインの国王フェリペ3世に謁見し、通商同盟を希望する親書を呈しました。また、国王臨席の下に洗礼を受け、霊名ドン・フィリッポ・フランシスコを授けられました。さらにローマに行き、バチカンでローマ教皇パウロ5世に謁見し、国書を奉呈しました。ローマでは、公民権が与えられた上に、貴族にも列せられる等厚遇を受けます。しかし当時は日本でのキリスト教徒迫害の情報が入っていたためか、スペインとの交渉は成功しませんでした。常長の帰国後は、伊達政宗が幕府の反キリシタン政策に従い、領内にキリシタン禁制を布告しました。家臣に改宗を命じ、多数の殉教者を出す事態となり、常長は失意のうちに52歳で病死したといわれています。

三慧殿には洋バラの他にもイタリア・フィレンツェを象徴する水仙や、十字架のクロス模様、クローバー模様、ダイヤ模様、スペード模様、ハート模様等、図案化された西洋文化が描かれています。350年間の長きにわたり扉が閉ざされていた三慧殿、その内部を守り続けるように、凛とこちらを向く若き光宗の立派な姿にも心が震えます。

8月

9日

サマーローズの蕾

暑い夏の晴れた朝、小さなサマーローズの蕾たちは、手早くカットし屋内に持って行きます。暑くても水分が足りていれば次々に蕾を上げるサマーローズですが、庭でそのままにしていると株の体力消耗に繋がり、花も小さなまま終わってしまいます。四季のある日本では、夏なりのバラとの向き合い方が大切です。

8月

10日

バラのソフトクリーム

ローズガーデンの売店でよく見かけるようになったバラのソフトクリーム。歩き回った後の冷たいソフトクリームは、最高に美味しく、バラの味わいや香りが加わっていると、なおさら嬉しいものです。訪問先のローズガーデンにあったら必ず味わうことにしています。こちらは、伊豆の河津バガテル公園にて。

ル・リール（S）　2021年　日本　望月宏作出　四季咲き性

8月
11日
ル・リール

クリーム色の花弁を、外側のピンク色の花弁が優しく包むこちらのバラはフルーティー香が強く香り、樹形も綺麗にまとまります。酷暑の日本の夏でも次々と蕾を上げて、可憐な花姿でありながら、強健な性質がうかがえます。時間が経つと、花色は全体が白っぽくなり、やがて花弁をはらはらと散らしていきます。

気象条件等、周囲の環境が以前より厳しくなったと感じられる中、何食わぬ顔で自身の魅力をアピールできる現代っ子のような逞しさのあるバラです。

8月

12日

小さいながらも逞しく

猛暑や酷暑といった言葉が多く飛び交うようになった日本の夏。そんな大変な自然環境の中で蕾を上げるサマーローズに逞しさを感じ、勇気や元気をもらっています。

ですが、夏のバラの花は三番花や四番花ですので、一番花に比べるとだいぶ小さくなり見劣りしてしまいます。葉もトラブルを抱えているものが多くなり、株の体力温存や、バラを食害するコガネムシなどの害虫のエサになることを考えると、そのまま枝で咲かせるのではなく、枝が長い場合はカットし、枝が短い場合は、蕾だけ摘んで摘蕾を行います。枝ごとカットした蕾は室内へ運び、水揚げがちゃんと出来れば、小さいながらも逞しい花姿を見せてくれます。

8月

13日

水差し

なぜか水差しに心惹かれます。水差しといっても私は花瓶として使用していますが、バラやハーブ等、庭から摘んできた植物を生けると、自然でとてもなじむように思えます。こちらの3点は海外旅行に行った時に購入したもので、帰りの機内に持ち込んで、割れないよう大事に抱えるようにして持ち帰ってきた思い出があります。

どれもアンティーク品になりますが、白い水差しは19世紀フランスのパリ窯のもので、フォルムがとても美しく、そのまま置いても絵になるところが気に入っています。赤いボタニカル柄の水差しは、フランス、サルグミンヌの1870年前後のジャルディニエールのピシェですが、茎を短くカットしたオールドローズやイングリッシュローズを活けるのにぴったりの高さです。ワインレッドの水差しは、シックな色合いで、クリスマス等に大活躍してくれます。新たな水差しとの出会いが、これからも楽しみです。

8月

14日

青いバラ

「ブルーローズ」と呼ばれる青いバラは、自然には無かったので、「不可能」「秘めた愛」を象徴する花と言われていました。そんな中、2004年に日本のサントリー社が、オーストラリアのフロリジン社と共同で作出したブルーローズの‘アプローズ’（HT）は、パンジーの青い色素であるデルフィニジンを使い、遺伝子操作で誕生させたバラです。不可能を可能にしたことから「喝采」「称賛」の意味の「アプローズ」の名が付けられました。

現在も様々なブルーローズが作出されていますが、厳密には青色に近い薄紫色や藤色のブルーローズがほとんどです。花屋さんで見かける真っ青なバラは、白バラを人工的に青く着色したものです。私は、優しい薄紫色や藤色のブルーローズが香りも含めて大好きですが、より青色に近いバラ、より強く育てやすいバラを目指して、育種家さんたちの挑戦は続いています。

8月

15日

ローズヒップオイル

こちらは、生活の木の「ローズヒップオイル・バージン」という、化粧用油です。原産国はチリで、「ドッグローズ」と呼ばれるロサ・カニーナのローズヒップから採れる未精製のオイルです。こちらのオイルは、フェイスケアに特におすすめとのこと、化粧水の後に塗り込んだり、美容液やクリームに１～２滴プラスして使用しても効果を実感できるようです。

ローズヒップは、ジャムやお茶等、飲食で体内に取り込めば、豊富なビタミンC等を摂取することができますし、オイルは皮膚に塗れば肌がしっとりとします。身体の内側と外側の両方から美容効果が期待できるローズヒップをもっと活用したいと思います。

8月

16日

洋梨のバラ形ゼリー

食紅で赤く色付けした洋梨をバラに見立てたゼリーです。おもてなしのデザートにいかがでしょうか？

【材料】（200mℓカップ3個分）

・洋梨（大）… 2個
・砂糖 … 大さじ5～6
・レモン汁 … 小さじ2
・ゼラチンパウダー … 10g
・食紅 … 少々

【作り方】

❶薄くスライスした洋梨を鍋に入れ、ひたひたの水と砂糖を入れる。洋梨が透き通るまで煮詰めたら火を止め、レモン汁と食紅を加える。

❷①が冷めたら、カップに洋梨がバラ形になるように並べる。

❸鍋の残り汁に水を足して計600mℓにし、ふやかしたゼラチンパウダーを加えて火にかけて溶かして冷ます。

❹③の粗熱が取れたら、静かに②に注ぎ、冷蔵庫で冷やし固める。

ロサ・ガリカ（Sp）　春の一季咲き性

8月

17日

ロサ・ガリカ

中央・南ヨーロッパ、フランスの南東部で自生が見られ、「ロジェ・ド・フランス」（フレンチ・ローズ）と呼ばれています。中香で微かな甘い香りがし、直立状の細い枝先に花を咲かせます。古代からあるこちらのバラは、バラの歴史上、最も重要な品種のひとつとされています。

「ガリカ」とは、ローマ時代、カエサルに征服されローマ領となった地域を差し、当時は「ガリア」と呼ばれていました。現在のフランス、ベルギーの全土と、オランダ、ドイツ、スイス、イタリアの一部にわたる広大な地域といわれ、その「ガリア」の地域内に咲いていたバラが、「ガリアローズ」→「ガリカローズ」と呼ばれるようになり、スウェーデンの植物学者リンネによって、ロサ・ガリカと学名が付けられました。このバラを古代の人々も見ていたのかと思うと、その時代に想いを巡らさずにはいられません。

ロサ・ガリカ・オフィキナリス（Sp）　春の一季咲き性

8月

18日

ロサ・ガリカ・オフィキナリス

ロサ・ガリカの八重咲き品種であるこちらのバラは、2000年以上の長きにわたって栽培され続けているバラのひとつです。ローマ時代初期の貴族の邸宅や、ポンペイのドムスの壁画にも、よく似たバラが多く描かれています。「オフィキナリス」とはラテン語で「薬用の」という意味があり、古くから薬用や食用として使用されていました。

ローマ時代の博物学者プリニウスは77年に、バラには収斂作用があると唱え、32の薬用方法を紹介しています。修道院では薬草としてハーブやバラが育てられ、抗炎症剤や鎮静剤として使用されました。ロサ・ガリカ・オフィキナリスは、「アポセカリーローズ」（薬局のバラ）とも呼ばれ、薬用として栽培され使用されていました。

「プロヴァン・ローズ」「レッド・ローズ・オブ・ランカスター」とも呼ばれ、イギリスのバラ戦争（1455～1485年）のランカスター家の記章の赤バラともいわれます。ヨーロッパにおいて、長きにわたり人々との深い繋がりを示すバラだといえます。

8月

19日

夏の昼下がり

夏の庭仕事は、睡眠、栄養をしっかり取って、そして無理をしないことを心がけながら行わないと、家族や仕事、諸々に支障をきたしてしまいます。午前中に庭仕事や家事を頑張ったら、昼下がりはなるべくゆったりと過ごし、疲れを取るリラックスタイムを作るようにしています。

朝にカットしてきたサマーローズと過ごす昼下がりのひとときは、心身共にリフレッシュするための大切な時間です。

8月

20日

サマーローズの愉しみ方

枝の短い蕾は、浅い器に水を張って、そこに浮かべながら開花させます。水に浮かべたサマーローズは、気持ち良さそうに、夏らしい表情を見せてくれます。どんな器に浮かべようか、選ぶのも楽しいひとときです。

8月

21日

まるでミニバラのよう

夏の日に庭から摘んできた蕾は、ひとつひとつの花の個性を残したまま小さくて可愛い花を咲かせます。コガネムシ等に荒らされることもなく、涼しい屋内でほっとしたように花を咲かせてくれます。花の元気が無くなったら、水切りすると少し長持ちしてくれます。

8月

22日

葉水のタイミング

葉に直接水を撒くことを「葉水」といいます。乾燥した日が続いている、高温日が続いている、台風の後や、病害虫の被害が見られるような時に葉水を行うと、葉や株全体が元気になります。

気を付けたいのは、梅雨時等の湿度が高い時に行ってしまうと、うどん粉病等の原因になってしまいますので、あくまで葉水が必要な時に行って頂きたいと思います。また、真夏の日中の高温時にも、水により葉焼けを起こすと余計に葉に負担を掛けてしまいます。涼しい朝のうちか、夕方に行いましょう。

8月

23日

酷暑続きの日々

地植えのバラたちにとって過酷な環境となる日本の夏には、とにかく水分補給をしっかりしてあげたいと思います。植物は、根から水分を吸い上げ、葉の表面にある気孔から、水分を水蒸気に変え、空気中に放出する蒸散作用があります。葉が黄褐色になり、落葉する等の症状が見られるのは、水分不足が大きな原因です。葉が少なくなってしまうと、光合成ができなくなり、株に大きなダメージを与えてしまいかねません。

なるべく青々とした葉を残すためにも、水分をしっかり与えることが大切です。と、同時にバラの面倒を見る側も、熱中症予防のために、しっかりと水分を取りましょう。

8月

24日

クレオパトラと女神イシス

クレオパトラといえば、クレオパトラ7世フィロパトル(紀元前69年 - 30年)古代エジプトプトレマイオス朝ファラオ(女王)をさします。プトレマイオス朝の最後の女王で、ガイウス・ユリウス・カエサルやマルクス・アントニウスらとのロマンスが有名です。

クレオパトラとアントニウスはバラを愛好していたので、クレオパトラがアントニウスを出迎えるため室内に20㎝もの厚さのバラの花弁を敷き詰めた、バラ風呂に入っていた、アントニウスは墓場をバラで飾るように遺言したなどの言い伝えはたくさんありますが、正確な情報なのかははっきりとせず、謎に包まれています。しかしながら、プトレマイオス朝の織物や壁画には確かにバラの花が描かれています。このことは、クレオパトラは生前「女神イシスが人間に生まれ変わった存在」といわれていたことと、通じるものがあります。女神イシスは古代エジプトの豊穣を司る最高位の女神で、トビの翼を持ち、生死を司る女神でもあります。女神イシスには、紀元前の古代よりバラをはじめとする花々が捧げられてきました。クレオパトラがイシス神の生まれ変わりだとしたなら、バラや花々をたっぷり使用できる存在であったことが納得できます。

エジプト北部アレクサンドリア県の沿岸部に、エジプト神話の神オシリスとその妃イシスを祀る古代遺跡タップ・オシリス・マグナ神殿があります。プトレマイオス朝時代の紀元前280～270年、クレオパトラの先祖のひとりであるプトレマイオス2世(在位：紀元前285～246年)によって建設されました。現在その遺跡の調査が進められていますが、この調査によってクレオパトラに関する新たな情報が出てこないか、注目を集めています。

ロサ・サンクタ（Sp） 別名ロサ・リチャーディ　春の一季咲き性

8月

25日

アビシニアの聖なるバラ

こちらの清楚なバラは、エジプトで5000年以上にもわたって崇拝され続けている愛と運命の守護神「女神イシス」に捧げられてきた花のひとつにあげられます。1888年、イギリス人考古学者フリンダース・ペトリーが、エジプトのハワラ遺跡からミイラと共にバラの花輪を発見しました。その中にこのバラが含まれていたことが解明されています。そして、その花は、170年頃の、現存する最古のバラとして、ロンドンのキュー王立植物園の植物標本室で見ることができます。「アビシニアの聖なるバラ」とも呼ばれ、古くからエチオピアとの歴史的な関係を暗示しています。

このバラが我が家の庭で咲く時、今までどれだけの人々の思いを担い、長い時代を経て、目の前で咲いてくれているのかと想いを馳せ、奇跡のような巡り合いに胸が熱くなってしまいます。

エメラルド・アイル（CL） 2008年　イギリス　Dickson作出　返り咲き性

8月

26日

エメラルド・アイル

花の中央はアプリコット色、周囲はグリーンがかり、時間の経過と共に、黄色やベージュへと花色を変化させながら咲き進みます。季節によっても、花色が全体的に濃くなったり薄くなったりします。一輪の花の咲き始めから褪せるまでの時間が長く、最後は花弁が散らずにそのまま茶色くなって枝に残ります。

クライミング・ローズとして、庭に彩りを添えるのも良いですが、アレンジメント用としても、とても重宝するバラです。同じように花弁の先端にグリーンがのるフランネルフラワー‘フェアリー・ホワイト’と一緒に活けました。

グルス・アン・テプリッツ（Ch）1897年　オーストリア　Rudolf Geschwind作出　四季咲き性

8月

27日

グルス・アン・テプリッツ

「テプリッツへの挨拶」という意味の名が付いたこちらのバラは、作出者であるルドルフ・ゲシュヴィントの故郷であるチェコ共和国のドイツ国境近くにある町「テプリッツ」への想いを込めて命名されました。日本では、すでに明治時代には「日光」の和名で流通し、宮沢賢治ゆかりのバラとして知られています。1928年8月、肺結核を発症した宮沢賢治は、花巻共立病院（当時）の佐藤隆房院長の治療を受け、症状が小康を得ました。そのお礼として院長の新築祝いに贈ったバラが、この‘グルス・アン・テプリッツ’だったと言われています。

四季咲きの中輪の花は、ダマスクの香りが優しく香ります。宮沢賢治も、このバラの香りを嗅いでいたのでしょうか。宮沢賢治が、このバラを贈りものに選んだ理由も、聞いてみたくなりました。

8月

28日

クロッカスローズ

クロッカスローズ（S）　2000年　イギリス　David Austin 作出　四季咲き性

淡いクリーム色のバラはたくさんありますが、'クロッカスローズ'にはとくに惹かれます。開き始めはアプリコットピンク、次第に外側がクリーム色になり、中側がアプリコット〜黄色、最後は全体が白っぽくなり退色します。中央のグリーンアイも花色とよくマッチしています。この一連の色の変化は、約4〜5日間の出来事ですので、見落としがちですが、なるべく時間を作ってしっかり見届けたいと思っています。

8月

29日

恵みの雨から地球環境を思う

真夏に雨が降らない日が続くと、庭の植物への水やりだけでも一苦労です。久しぶりの雨は、植物にとっても、植物の面倒を見る人間にとっても「恵みの雨」です。ただ最近は、その降り方が、激し過ぎたり、集中的過ぎたり、自然災害を誘発させる降り方が多くなってきました。なにか地球環境が変わってきたような……。

ひとりひとりができることは小さなことかもしれませんが、私ができることとして、緑を大切にしたいと思っています。

8月

30日

夏の本剪定

残暑が厳しくても、時折吹く風に涼しさを感じたら、そろそろ夏の終わりが近くなってきたサインです。それは、夏の間に小さくても元気と癒しを届け続けてくれたサマーローズたちとのお別れが近付いているということでもあり、少し寂しい気持ちになりますが、いつまでも咲かせておくわけにはいきません。

またバラが大きく美しく咲き誇る秋を楽しみに、「夏の本剪定」と呼ばれる剪定を行います。「夏の本剪定」は、冬の本剪定より浅めに鋏を入れ、不要な枝を取り除き整枝を行う、夏の終わりの大切な作業です。

8月

31日

さようなら、英国のバラ

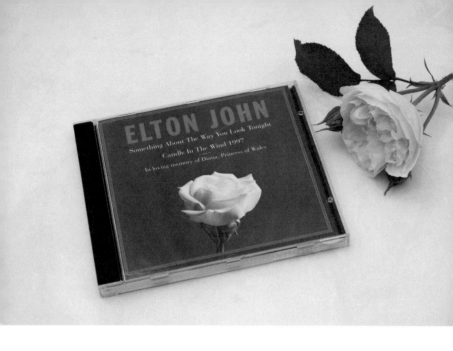

1997年8月31日、突然の悲報が世界中を駆け抜けました。英国のダイアナ・プリンセス・オブ・ウェールズが、パリで交通事故によりお亡くなりになられ、英国のみならず世界中の人々が哀悼の意を捧げました。生前からダイアナ妃と親交のあった英国人歌手エルトン・ジョンが、ダイアナ妃に捧げた楽曲「キャンドル・イン・ザ・ウィンド1997」のCDジャケットです。歌詞は以下のように始まります。

さようなら、英国のバラ
私たちの心の中で咲き続けますように
あなたの存在そのものが優美だった
その人生は引き裂かれてしまったけど
あなたは国のために声をあげ
私たちの痛みに声をかけてくれた
あなたは天に召され
星たちがあなたの名前を刻む

9月

1日

9月のローズヒップ

9月に入り、日中の残暑の中、青いローズヒップがたくさん実りました。こちらは、ロサ・ムルティフローラ・アデノカエタ（ツクシイバラ）のローズヒップです。

これから、少しずつオレンジ色を身にまといながら、秋から冬に向かっていきます。春の置き土産は、冬までの長い間楽しみを残してくれました。色付く頃が、今から楽しみです。

9月

2日

ローズオイルと乳香

アラビア半島の東端、アラビア海（インド洋）とオマーン湾に面するオマーン・スルタン国は、良質な乳香が採れる国であり、バラをこよなく愛する国でもあります。ローズウォーターやローズオイルの生産も盛んに行われ、バラが人々の暮らしの中に様々に根差しています。

こちらのオマーン産のローズオイルが中に入った入れ物は、中東の豊かな文化が伝わる美しくエキゾチックなデザインで、中のオイルを少量ずつ出せるようになっています。ダマスクの香りが濃厚で素晴らしく、良質のローズオイルであることが伝わってきます。

9月

3日

晩夏のバラ

晩夏の庭で摘んできた不揃いのバラたち、ひとつひとつは、あまり綺麗ではありません。ですが不思議なことに、秘められたパワーがあるといつも感じてしまいます。

様々な苦労を乗り越えてきた人が魅力的に見えるように、過酷な夏を生き抜いたバラも、私には魅力的に見えて仕方ありません。「よく頑張ったね」と、心の中でつぶやきながら花瓶に活けると、応えてくれるように急に輝きを増すようです。

9月

4日

癒しのバラ

夏に溜まった疲労のせいか、9月の最初、毎年決まったように身体が重く感じ、肩こりや頭痛に悩まされる日が2、3日続きます。特に残暑が厳しい年は長引くように感じるのですが、そんな時は庭で咲き残っていたバラを摘んできて、眺めたり、香りを嗅いだりしていると、病状が軽減されるように感じます。

現代的な薬が無い中世ヨーロッパの時代は、バラ水を鎮痛薬として利用していたとか。痛みが完全に無くなったりはしなかったと思いますが、軽減という点では、納得できてしまいます。そんなバラは、まさに長年にわたって「癒しのバラ」だといえると思います。

9月

5日

木陰で一休み

大きなパーゴラに誘引したバラの木の下に入ると、葉が直射日光を遮り、涼しくて心地よい空間となります。咲いている花も下から眺めることができ、椅子を持ってくれば、時間を忘れてずっとそこに居られます。

9月

6日

バラの木の下で

古代ローマ時代から伝わる「バラの木の下で」という言葉の意味は、秘密にしておきたいことがある時に使われる表現です。中世ヨーロッパでは、白いバラの花が、「秘密」や「沈黙」の象徴とされました。

9月

7日

ミニバラ盆栽

ミニチュアローズを盆栽仕立てにした「ミニバラ盆栽」。可愛いサイズでスペースも取らず、毎年冬に行う用土の土替えも少量で済みますので、マンションにお住まいの方や、バラを地植えするスペースに限りのある方におすすめです。

また「盆栽」は、世界が注目する日本の文化のひとつでもありますので、バラで日本文化を継承していくことにもなるかと思います。現代的でありながら伝統的な仕立て方、育て方を楽しめるのが「ミニバラ盆栽」なのです。鉢にもこだわった自分だけの「ミニバラ盆栽」の世界を楽しまれてはいかがでしょうか？ミニチュアローズの様々な品種と、出会うきっかけにもなるかと思います。

エリザベス（S）　2022年　イギリス　David Austin作出　四季咲き性

9月

8日

エリザベス

まだ我が家に来て間もないこちらのバラ‘エリザベス’は、2022年、プラチナジュビリーをお迎えになられ、その後惜しくも同年9月にお亡くなりになられた英国エリザベス2世女王（1926年4月21日-2022年9月8日）に捧げられたバラです。

花は中輪の房咲き性ですが、一輪一輪の美しさはとても感動的です。優しいピンクの花の中央にボタンアイを見せ、花弁の基部の黄色が輝くように光を集め、全体として優しいアプリコットに見えます。この大きさの花としては信じられないくらいの強く心地よい香りが漂います。さすがはエリザベス2世女王に捧げしバラ、作出者の思いを強く感じます。

9月

9日

バラを愉しむティータイム

紅茶を頂きながら、バラの花をテーブルでゆっくり愛でる時間は至福のひとときです。紅茶に入れるお砂糖の代わりにクリスタライズド・ローズを用意すれば、バラを味わう喜びも感じることができます。クリスタライズド・ローズは、花弁をさっと水洗いしたらざるに上げ、水気のあるうちにグラニュー糖をまぶして乾燥させて作ったものです。紅茶の中でグラニュー糖が溶けると、花弁が浮かび上がります。

9月

10日

プレゼントに添えて

私の誕生日や母の日といった記念日のプレゼントに、そっと添えられていたものです。見る度に、さりげなく記念日に心を寄せてくれた息子の思いに心が温かくなります。枯れることのない花ですので、思い出にとってあります。

9月

11日

日照不足

同じ品種でも、色味がだいぶ違って咲くことがあります。白っぽく、どこか冴えない色味は、雨天続きの時期によく見かけます。日照不足だと花の色素であるアントシアニンの合成が減少してしまうのです。屋根や軒等、日光を遮るものの下でも花色が薄くなってしまうことがあります。

バスシーバ（S）　2016年　イギリス　David Austin作出　四季咲き性

9月

12日

バスシーバ

　イングリッシュローズの中でも、樹が大きく育ち、クライミング・ローズのように仕立てられるバラのひとつです。長いステムの先に、直径10cmほどの大輪の整った美しい花を咲かせ、色は黄色やアプリコットピンクが混ざり合い、ミルラ香が強く香ります。

　バスシーバの名前の由来は、イングランド南部の豊かな牧羊地が広がるウェセックス州での、魅力的な女性バスシーバを巡る人間模様が描かれたトーマス・ハーディ作の1874年の小説『遥か群衆を離れて』のヒロインの名に因んで付けられました。

9月

13日

ザ・フェアリー

ピンクの小輪の愛らしい花が房咲きとなって咲く姿は、まるで可憐な妖精たちが集まって来てくれたかのようで、心がときめきます。他のバラより遅れて咲き出す遅咲きのバラで、秋まで繰り返しよく咲いてくれます。花壇の縁取り、グランドカバー用にぴったりです。

ザ・フェアリー（Pol） 1932年 イギリス Bentall作出 四季咲き性

9月

14日

ドゥセス・ドゥ・ブラバン

12世紀に建国されたネーデルラント（現在のベルギー、オランダ、ルクセンブルク）の公国「ブラバント公国」のブラバン公爵夫人に捧げられました。明治時代に日本にも紹介され、「桜鏡」の和名が付けられ流通し、人気を博しました。華やかというよりは、どこか控えめで優美な雰囲気をまとっています。

ドゥセス・ドゥ・ブラバン（T）1857年 フランス Berned作出 四季咲き性

9月

15日

バラと花器

バラを室内に飾る時、花の色や雰囲気に花器もなるべく合わせられたら、といつも思っています。淡い黄色に咲く満開の'ギスレーヌ・ドゥ・フェリゴンド'(R)を、スポードのブルー＆ホワイトのピッチャーに合わせるのが気に入っています。黄色の補色がブルー系だからか、しっくりくるような気がします。

時間の経過と共に色褪せていくバラを、長年販売され続ける歴史あるスポードの「ブルー・イタリアン」が見守ってくれているかのようです。

9月

16日

竹久夢二『薔薇の露』

大正時代の若い女性が憧れと共に夢中になっていた少女雑誌『女学生』。大正12年4月号は、竹久夢二（1884年9月16日-1934年9月1日）が描いた『薔薇の露』が表紙を飾りました。そこには、大輪のバラの花に口付けする女学生が描かれています。

表紙画や誌面に掲載された抒情詩等に添えられた挿絵は、画家と共に大人気となりました。挿絵には、当時「洋の花」と呼ばれた海外からの草花が描かれ、バラもよく登場していました。少女雑誌は、裕福な子女がクラスに持ち込み、それを皆で回し読みしていたといわれます。若き乙女たちの目を輝かせていた情報源だったようです。

アンナ・ユング（T）　1903年　フランス　ギルバート・ナボンナン作出　返り咲き性

9月
17日
アンナ・ユング

先が尖った剣弁の花弁を、くしゅくしゅと重ねた中輪の桜色の花は、優し気でありながら気品のある佇まいです。春はふわっと咲いて愛らしく、秋は花色により濃淡が現れて、美しさに磨きがかかります。ティー・ローズ系のバラは、茎が細く、花も中輪が多く、慎ましやかな印象ですが、その美しさによくはっとさせられます。

香りは微かなティーの香りですが、こちらの'アンナ・ユング'の美しさには、何度はっとさせられ、心ときめかされたことでしょう。

ロサ・ガリカ・オフィキナリス・ベルシコロール（Sp）　別名ロサ・ムンディ　春の一季咲き性

9月

18日

ロサ・ガリカ・オフィキナリス・ベルシコロール

「ベルシコロール」とは、2色を意味します。こちらのバラは、ロサ・ガリカ・オフィキナリスの枝変わりといわれています。すでに約2000年前の「リウィアの別荘の食堂の間の壁画」（p.39）に描かれているバラとされていますので、枝変わりが発生したのはだいぶ昔のことのようです。

それでも、全く古さを感じさせない、かえってモダンな雰囲気さえ漂わせるこちらのバラは、現在多くのローズガーデンに植栽され、素敵な光景を作るバラの一員として存在感を放っています。写真は、イギリス・ハンプシャー州にあるオールドローズの名園といいわれる「モティスフォント・アビー」のローズガーデンに咲き誇るロサ・ガリカ・オフィキナリス・ベルシコロールです。

ラルサ・バビロン（S） 2012年 オランダ Interplant作出 四季咲き性

9月

19日

ラルサ・バビロン

中近東から中国の新疆ウイグルにかけて自生するロサ・ペルシカを四季咲き性のモダンローズへと改良して誕生したバラです。目玉のような花弁の中心の特徴的な赤い部分は、「ブロッチ」と呼ばれ、ロサ・ペルシカから受け継いでいます。他にもいくつか品種が誕生し、「バビロン・ローズ」としてシリーズ化されました。樹高は約1mで、樹形は半横張り性で、こんもりと茂ります。

シリーズ名である「バビロン」とは、紀元前18世紀〜6世紀頃に古代メソポタミアの地で栄えたバビロニア帝国の中心都市「バビロン」に由来し、ロサ・ペルシカの故郷をイメージし付けられました。また、「ラルサ」とは、紀元前2000年紀の初頭、古代メソポタミアにおける「バビロン」以前に栄えた主要都市の名です。

現在のイラクの南部にあった「ラルサ」は、現在、4000年前の楔形文字で書かれた碑文が見つかる等、200haを超えるイラク最大級の遺跡の地として、発掘が進んでいます。

9月

20日

ブルガリア産ローズジャム

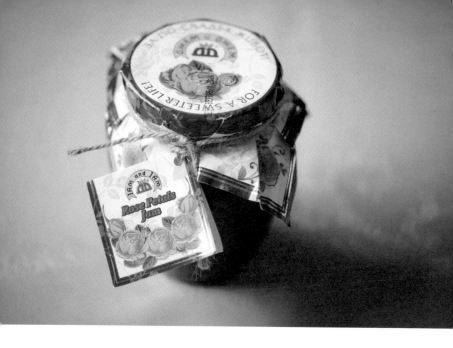

花弁がたっぷり入ったこちらのブルガリアのローズジャムは、一口含んだだけで、遠いブルガリアの国から運ばれて来たとは思えないほどみずみずしい香り豊かな味わいが口いっぱい広がります。

なぜ、ブルガリアではバラが栽培されるようになったのでしょうか？　それには、隣国トルコ共和国が関連しています。1299年、トルコ族の一首長であるオスマン1世により、現在のトルコ共和国アナトリア半島に、イスラム教国家であるオスマン帝国が建国されました。ブルガリアは、このオスマン帝国に1396年から1878年まで支配された歴史があります。オスマン帝国ではイスラム教の教えに基づき、モスクや各家庭などのありとあらゆるシーンで、ローズウォーターがお清めや宗教的な儀式に利用されていました。大量のバラが必要だったオスマン帝国は、山に囲まれ、朝晩と日中の気温差のあるバラの栽培に適した自然環境のブルガリアを高く評価し、バラの植栽を命じたことがきっかけといわれています。

9月

21日

フランスの街リヨンの名物

フランスの街リヨンでは、アーモンドやヘーゼルナッツに、加熱した砂糖と赤い着色料を絡めて作る、ローズピンク色のお菓子「プラリーヌ　ローズ」が伝統的なお菓子として有名です。地元の人たちからも愛され、観光客にとってもお土産として人気が高いそうです。なぜ赤く色付けされるようになったかは不明だそうですが、私は、リヨンの街がバラと関わりの深い歴史を持つからではないかと思っています。

「アンペラトリス・ジョゼフィーヌ園」と命名された植物園があるラ・デゼルト修道院には、世界中からバラを集めた居城「マルメゾン城」から多数のバラの株が寄贈されました。1857年に、バラたちはリヨンの北に出来たテット・ドール公園内に移植され、様々な品種が植栽されるようになりました。19世紀にはジャック・プランティエはじめ、ハイブリッド・ティー・ローズ第1号‘ラ・フランス’を作出したギヨー、名花‘ピース’を世に出したメイアン他、多くの育種家たちがリヨンに集まり、「バラの都」と呼ばれるようになった歴史があります。

サリー・ホームズ（S） 1976年 イギリス R.Holmes作出 四季咲き性

9月

22日

サリー・ホームズ

先の尖った卵色の蕾が開くと、シングル咲きの淡いアプリコットイエローがのった優しい色の花が咲き、徐々に全体の花色はアイボリーへと変化します。一株の中で、蕾の色と花色の両方が楽しめます。丈夫で花付きが良く、秋にも多くの花を咲かせます。

2012年の第16回世界バラ会議「南アフリカ・ヨハネスブルグ大会」にて、殿堂入りを果たしました。殿堂入りのバラとは、世界37か国からなる世界バラ会連合が、3年に1回開催する世界バラ会議において選出する「世界中で愛されている名花」です。世界中のどの環境でも育てやすく、普遍的な美しさを持つ、栄誉あるバラたちです。

羽衣（LCl）　1970年　日本　鈴木省三作出　返り咲き性

9月

23日

羽衣

　ローズガーデンの白いフェンスに映えるように、美しく咲いた満開のバラは、クライミングローズの‘羽衣’です。

　大輪の剣弁高芯咲きのピンクの花はハイブリッド・ティー・ローズのように、長いステムの先に整った花形で咲き、艶のあるしっかりとした照り葉と共に、眩い光景を見せてくれます。ステムが長いので、花持ちの良い花をカットして花瓶に活けやすく、屋内でのアレンジメント等にも重宝なバラです。

9月

24日

明治時代のバラ栽培書

鎖国政策が解かれた明治時代、欧米等から輸入された当時のバラは、今まで日本では見たことがなかった大輪で美しいものが多く、外国人居留地に植えられたそれらの目新しいバラは、日本人たちに「茨牡丹」(イバラボタン)と呼ばれ、羨望の眼差しで見られていたそうです。

バラの育て方が書かれた明治時代の貴重な本を手にすると、新しい文明の象徴ともいえる、バラへ向けた当時の人々の渇望のような熱い思いをひしひしと感じます。

こちらは、1875年発行の『図入り薔薇栽培法　上下』です。著者のSamuel Bowne Parsons(1819〜1906年)は、兄弟でアメリカで園芸会社を設立し、果物やバラ等の生産販売を行いながら、バラの本『The Rose:Its History,Poetry,Culture and Classifications』(1847年 Wiley&Putnam)を記しました。1869年に本のタイトルを『Parsons on the Rose,Treatise on the Propagation,Culture,and History of the Rose』へと改めて出版しました。この本を日本語へ翻訳したのは、幕末の幕府留学生として英国で学んだ1847年生まれの安井真八郎です。

冒頭から8ページにわたって、原本の図を模した銅版画が掲載されています。上巻には、四季薔薇、二季薔薇、二季スコッチ薔薇、二季苔薔薇、ブルボン薔薇、中国薔薇、ノワゼット薔薇、茶薔薇、一季薔薇では苔薔薇、スコッチ薔薇、刺薔薇他の品種が紹介されています。品種名はカタカナのみで表記され、その横に特徴が記されています。下巻には、挿枝法、芽接法、移植、温室等の栽培法他が詳しく記されています。

この時代に、すでにバラが系統や特徴で細かく分けられていること、そして栽培について大変詳細に書かれていることに驚きます。

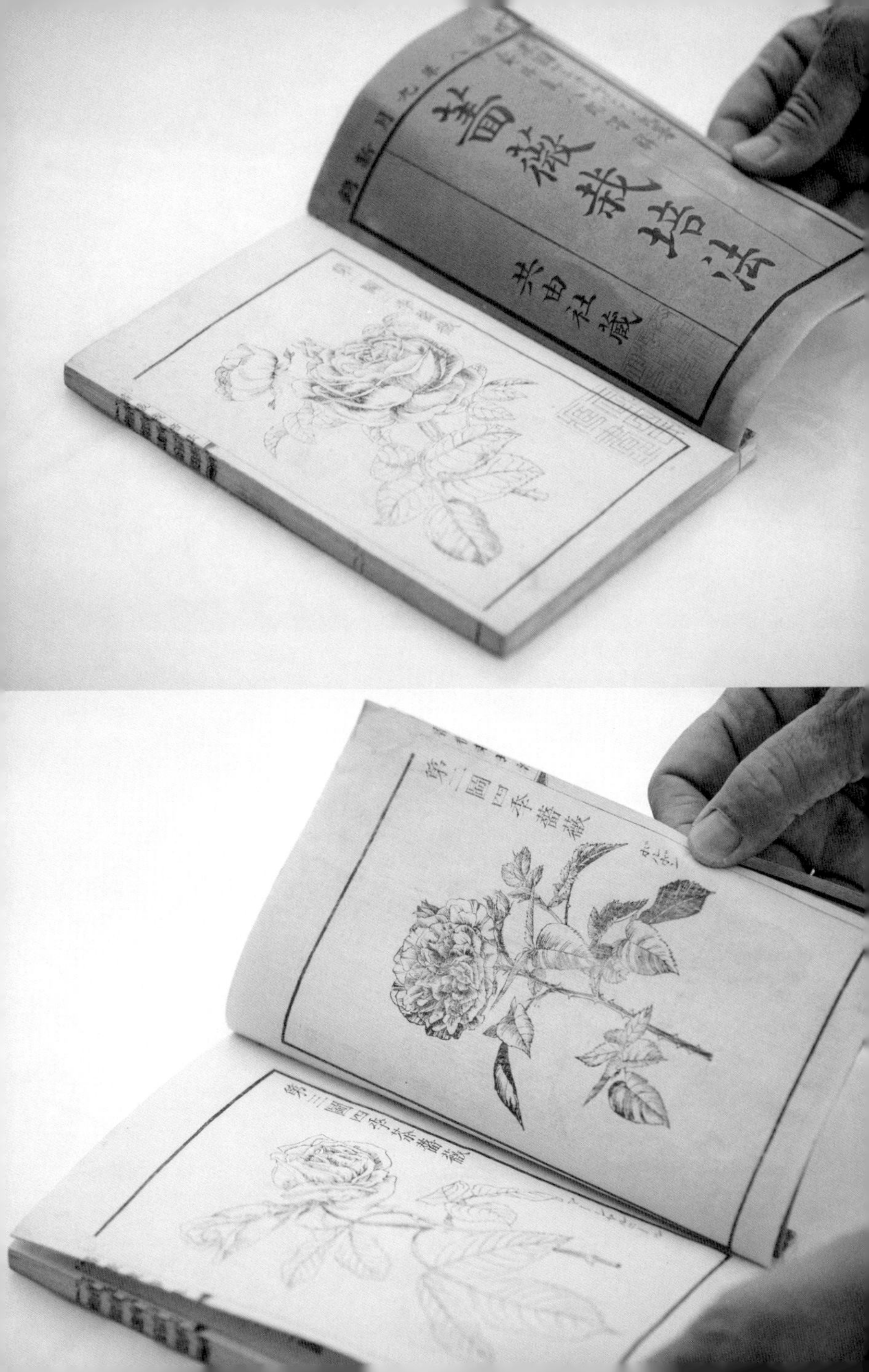
薔薇栽培法
共由社蔵

イングリッシュ・ヘリテージ（S）　1984年　イギリス　David Austin作出　四季咲き性

9月

25日

イングリッシュ・ヘリテージ

中輪の整ったカップ咲きのこちらのバラは、ミルラ香とフルーティー香が混ざり合う、大変香りが良いのが特徴ですが、花持ちはあまり良くありません。すでにデビッド・オースチン社のカタログには掲載が無く、「ヒストリカルローズ」と呼ばれるようになっています。

ソフトアプリコットピンクのこのバラが、我が家に来たのはだいぶ前になりますが、新しい庭にも馴染み、長いステムを伸ばし、次々と健気に花を咲かせる姿を見せてくれています。現在では苗の入手が難しいため、これからも大切に育てていきたいと思っています。

メアリー・マグダレン（S） 1998年 イギリス David Austin作出 四季咲き性

9月

26日

メアリー・マグダレン

淡いアプリコットピンクの花は、光を纏ったように繊細な輝きと共に開花し、やがて静かに退色していきます。このバラを今まで幾度か鉢で育てたことがあるのですが、置き場所が悪かったためか、失敗してしまいました。もっと陽の当たる場所に置いて、大切に育てなければいけなかったと反省しています。

メアリー・マグダレン（マグダラのマリア）は新約聖書中の福音書に登場し、正教会・カトリック教会・聖公会の聖人で、正教会では「携香女（けいこうじょ）」「亜使徒」の称号を持ち、「磔刑後のイエスの遺体に塗るための香油を持って墓を訪れた」と聖書に記述が見られます。多くの画家に描かれ、近年では、長編推理小説『ダ・ヴィンチ・コード』（2003年 ダン・ブラウン著）にもその名が登場し、それを原作とした映画も大ヒットしました。デビッド・オースチン社のあるシュロップシャー州、オルブライトンには「セント・メアリー・マグダレン教会」があり、その教会に因んで命名されたバラといわれています。

9月

27日

バラ染め

だんだん空気が冷たくなってくると、そろそろ今年のバラを形に変えて、残しておきたいと思うようになります。バラ染めは、赤いバラの色素を食酢等で抽出し、布や糸に自然なバラの色を移しておくことができます。抽出して出来た色水は、見ているだけで癒されます。時間の経過と共に、約半年もすれば色褪せてしまいますが、また染め直して楽しんでいます。染める時間や水の量で、染め上がりの色は様々になります。

【用意するもの】（作りやすい量）

・赤いバラの花弁 … 約25g
・食酢 … 250mℓ
・布や糸、スカーフ等
・瓶、ボウル等

【作り方】

❶瓶にバラの花弁を入れ、食酢を注ぐ。蓋をして約1日そのままにし、色を出す。

❷①を花弁と抽出液（色水）をざるで分け、抽出液をボウルに移す。

❸②に、水を加えて色を調整する。

❹染めたい布をぬるま湯で水通ししておく。

❺④を③にゆっくり浸け、ムラが出来ないようにもみ込む。

❻染まり具合を確認し、好みの色になったら布を抽出液から取り出す。水洗いし、軽く絞って乾燥させる。

9月

28日

ナプキンコレクション

バラの絵柄の紙ナプキンをコレクションしています。ティーパーティー等で使用する際に購入し、余った紙ナプキンがだいぶ増えてしまい、いつの間にかコレクションになってしまいました。

色々な紙ナプキンがあると良いことは、ティーパーティーの時に、お菓子や食器の雰囲気に合う紙ナプキンが必ず見つかることです。

9月

29日

お気に入りのマグカップ

このウィリアム・モリスのバラが描かれたマグカップは、息子からのプレゼントです。ウィリアム・モリスは、「モダンデザインの父」といわれる19世紀の英国のテキスタイルデザイナーかつ思想家です。子供の頃によく遊んだ森で見た植物の影響を強く受けてデザインに取り入れ、そのデザインは現在でも人気が高く、様々な商品に採用されています。

息子が幼稚園に行く頃から、バラを増やし始めておりましたので、母親はバラが好きなんだと、知らず知らずのうちに、刷り込まれていたのでしょう。少し欠けてしまいましたが、使えるうちは大切に使わせて頂こうと思っています。

9月

30日

ノイバラのローズヒップ

日本の自生種であるノイバラ（ロサ・ムルティフローラ）（Sp）は、昔から日本各地の山林で自然に生えている姿を目にしました。交配が盛んに行われるようになった現代においては、バラの台木としての需要から、たくさん栽培されるようになりました。清楚な花姿のファンも多く、春に咲く白い小さな5弁の房咲きの花々を楽しんだ後、花殻を摘まずにおけば、秋には小さな橙色の実を無数に付けた姿を見せてくれます。

この「ローズヒップ」と呼ばれるバラの「実」は、萼筒が変化した偽果であり、底部には萼片が残ります。ノイバラの「実」は、「栄実／営実（エイジツ）」と呼ばれ、江戸時代末期の岩崎灌園の『本草図譜』にも登場し、薬としての効果があると書かれています。現在でもビタミンCが豊富なことから、乾燥させた実を細かくするなどして漢方薬として、肌荒れ予防等に利用されています。

10月

1日

秋バラとのティータイム

秋が深まりゆく10月は、温かい紅茶が美味しく感じられるようになる季節です。

秋バラも咲き始め、今年があと3か月も無いことを実感します。咲き始めた花も良いですが、夏を乗り越え、長い残暑に耐えたバラの葉は、今年のその過酷だった状況を物語っているかのようです。見ていると愛おしくなり、ただむしり取るのではなく、ありのままを受け入れて、よく頑張ったねと声をかけたくなります。

10月

2日

世田谷区　砧公園

春は桜の名所としても人気のある砧公園ですが、園内の一角にはバラ園もあり、ボランティアの方々がバラのお世話をしている姿をよく見かけます。10月に訪れたこの日は、「秋のバラを観る会」が開催中で、たくさんの花を付けた美しい秋のバラたちを観せて頂くことができました。

特に写真の‘カクテル’（Sh）の花付きが素晴らしく、まるで春のような光景でした。つるバラとして扱われることが多くなった‘カクテル’ですが、短くカットして、シュラブローズとして扱えば、こんなにも花付きが良くなるのかと感心いたしました。白いバラ‘アイスバーグ’（F）と、互いの魅力を引き立て合っていました。

10月

3日

秋の小道

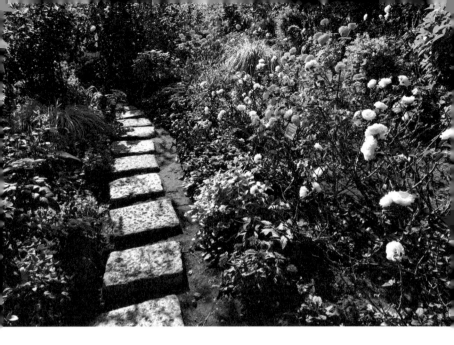

　横浜「港の見える丘公園 イングリッシュローズの庭」の一角の小道は、下草が秋の草花に入れ替わり、通年花を咲かせるバラ‘ホワイト・メイディランド‘（S）の周囲は、すっかり秋の雰囲気に変わっていました。

　バラは変わらなくても、周囲の草花で季節感が感じられ、バラも秋の草花と共に、秋の小道で新たなハーモニーを奏でているようでした。

ゴルデルゼ（F）　1999年　ドイツ　Tantau作出　四季咲き性

10月

4日

ゴルデルゼ

19世紀後半、デンマーク、オーストリア、フランスとの戦争に勝利したことを記念して建てられたベルリンにある戦勝記念塔の上部には、金色に輝く勝利の女神ヴィクトリアのブロンズ像が掲げられています。この女神は、市民から「ゴルデリゼ」の愛称で親しまれています。

こちらのバラは、その勝利の女神の愛称を取って命名されました。金色に輝くような花色は、黄金の女神像にぴったりです。暑さにも強く、花付きも良く、秋にもたくさんの花を楽しむことができる強健種です。

プチ・トリアノン（F） 2006年 フランス Meilland作出 四季咲き性

10月

5日

プチ・トリアノン

「花を愛する君に、この花束を贈る」。こんな素敵な言葉と共に、当時20歳であったフランスの新国王ルイ16世から、王妃になったばかりの19歳のマリー・アントワネットに贈られたヴェルサイユ宮殿の離宮「プチ・トリアノン」、その名を冠したバラです。

桜貝のような優しい花色に咲き、丈夫で育てやすいバラです。フロリバンダにしては、樹高がやや高くなりますが、暑さ、寒さに強く四季を通して、繰り返しよく咲きます。

ラ・フランス（HT） 1867年 フランス Jean-Baptiste Andlé Guillot作出 四季咲き性

10月
6日
ラ・フランス

優しく明るいピンク色の大輪の花は、剣弁高芯咲きで、甘いダマスクの香りが強く香ります。茎は大輪の花を支えるには細く、満開時には重たげに花が俯いてしまうこともあります。しかしながら、それまでのバラとは違う歴史的なバラとなりました。

ハイブリッド・ティー・ローズの最初のバラとして、このバラを含めた以後のバラを「モダンローズ」（現代バラ）、以前のバラを「オールドローズ」と大まかに分けられるようになりました。'ラ・フランス'の誕生後、茎が太くしっかりと直立に伸び、花が上を向いて咲くハイブリッド・ティー・ローズの品種改良が盛んに行われるようになりました。切り花としてのバラの需要が高まった時代背景と共に、ハイブリッド・ティー・ローズの黄金時代がやってきます。

エヴリン（S）　1991年　イギリス　David Austin作出　四季咲き性

10月

7日

エヴリン

イングリッシュローズの名花‘エヴリン’は、もうデビット・オースチン社のカタログにも掲載されていない、今となっては入手困難なヒストリカルローズのひとつに挙げられるようになりました。それでもファンは多く、一目このバラを見てその魅力に取りつかれ、必死で苗の入手先を探す人も多いようです。

こちらのバラの何が、そこまで人々を魅了するのでしょう。それは、繊細な色彩の花弁がぎっしり詰まった、見応えのある輝くような大輪の花と、豊かに香る香りではないでしょうか？‘タモラ’の光沢のある花弁とミルラ香を受け継ぎ、丈夫さはもう片方の親である‘グラハム・トーマス’から受け継がれているようです。

1973年、イギリスの調香師ジョン・クラブツリー氏と、ガーデンデザイナーのジョン・エヴリン氏によって「イギリス流の香り豊かな暮らし」「ガーデン・イン・ザ・ルーム」をコンセプトに創業された香水や化粧品を扱うクラブツリー＆エヴリン社に因んで命名されました。

10月

8日

ローズヒップジャム

以前、我が家のローズヒップでジャムを作ろうと試みたのですが、長時間煮てもなかなか柔らかくならず、諦めてしまいました。それ以来、ローズヒップは、市販のローズヒップジャムを購入することにしています。

こちらは、ドイツ原産のAnnes FEINSTE（アネスファイン）のオーガニックローズヒップジャムです。絵から察するに、「ドッグローズ」と呼ばれるロサ・カニーナのローズヒップが使われているようです。お味は、少し甘酸っぱく、なめらかな口当たりで、とても美味しいです。ヨーグルトやアイスクリームに添えたり、写真のように、クラッカーに塗って、自然の恵みを味わっています。

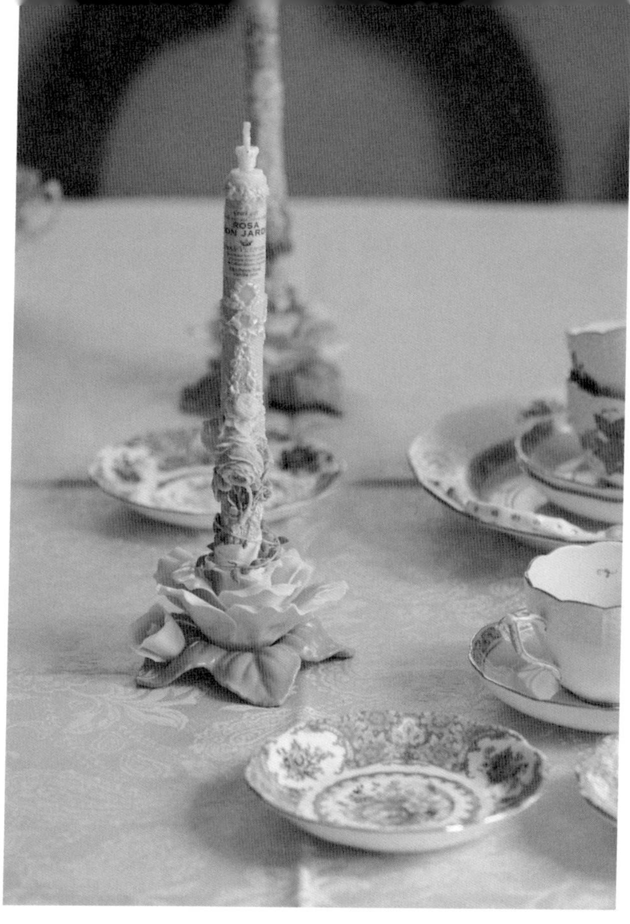

10月

9日

清巧で美しいキャンドル

いつもは大切にしまってあるこちらの精巧で芸術品のような美しいバラのキャンドルは、バラの季節に出して、パーティーのテーブルに飾ります。もちろん火は点けず、飾るだけです。一本一本手作りで制作されたこちらのキャンドルは、洗練されたデザインでありながらも、手作りだからこその温かみが伝わってきます。

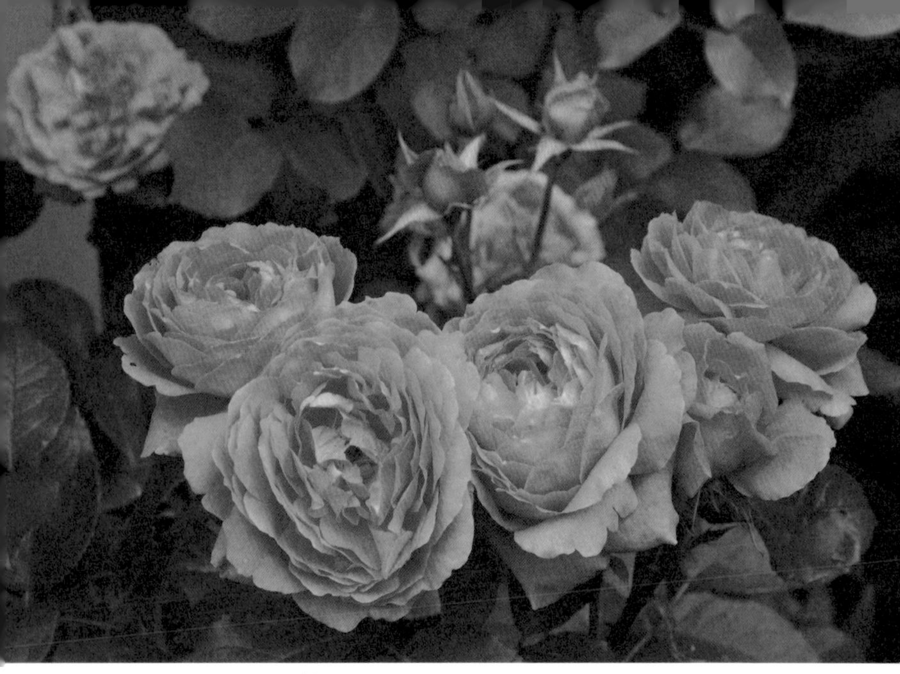

フラゴナール（S）　2011年　フランス　Delbard作出　四季咲き性

10月

10日

フラゴナール

1926年に南フランスのグラースに誕生した香水メーカーの名を冠したバラです。

大輪の房咲きで、上を向いて咲き、フレンチローズらしい華やかさがあります。明るいピンク色の花は、陽が当たるとさらに輝きを増し、周囲までも明るく照らすようです。少し遅咲きのバラですが、心地よく素晴らしい香りを放ち、存在感は抜群です。樹形は、直立性のコンパクトなブッシュタイプで、扱いやすく育てやすい品種ですのでバラ初心者の方にもおすすめです。

10月
11日
秋陽のなかで

斜めに射し込む秋の午後の陽射しを受けながら、バラは、秋の花の準備を始めます。ひっそりとした空気はバラを見守り、やがてゆっくりと花開く時を待っているかのようです。静寂の中の明るい未来に期待して、秋陽に輝くバラをただ静かに見つめています。

10月
12日
夏を乗り越えて

共に酷暑を乗り越えたバラとキンギョソウが、互いの無事を確かめ合うかのように咲き始めました。お互いが春以来の再会に、喜び合っているように見えます。庭の彩りを構成し合う植物たち、ハーモニーを奏でるように、また咲き揃った姿を見せてくれることに大きな喜びを感じます。

10月

13日

バラとワイン

歴史的に深い関わりがあるバラとワイン。最初にバラとワインが記された文献は、紀元前1300～1200年頃、メソポタミア文明のシュメール人によって楔型文字で記された『ギルガメシュ叙事詩』（紀元前2500年頃成立）でした。

ギリシャ神話では、バラは愛と美の女神アフロディーテを象徴し、ワインはブドウ酒と酩酊の神とされるディオニソスを象徴します。またキリスト教では、バラは聖母マリアを象徴する花であり、ワインはキリストの血とされています。

バラとワインは、古の時代から現代まで、様々な時代において人々の歴史と共に、重要な役割を担いながら存在し続けています。

10月

14日

ブルガリアのローズワイン

ブルガリアはワイン発祥の地ともいわれています。古代ギリシャ神話のブドウ酒の神ディオニソスは、現在のブルガリアのトラキア地方にルーツがあり、この地で、ワイン醸造が始まったと考えられています。現在もブルガリアではワインの生産が盛んで、「バラの谷」として知られるバルカン山脈中部、南斜面の地域ではワイン用のブドウの品種が数種類栽培されているのです。

こちらは、地ブドウ「マブルッド」を使用したトラキア地方産のワインに、ブルガリア産ダマスクローズをフレーバリングしたローズ・ワインです。酸味と甘みが絶妙なバランスのマブルッドの深い味わいに、上品なバラの香りとバラ色が楽しめる、最高にエレガントなワインだと思います。

10月

15日

ミニバラの寄せ植え

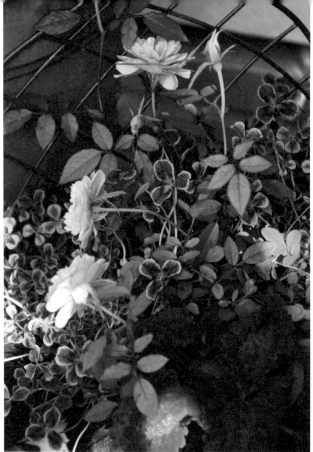

秋は、シックな花色のバラを、庭で楽しみたくなります。ちょうど花屋さんで、茶色のミニバラ‘モカ’(Min)(四季咲き性)が売られていましたので、家に連れて帰りました。バラに合わせて、エンジェル・クローバー等のカラーリーフも購入し、ちょっとした寄せ植えを作れば、狭い玄関先にも、秋がやってきたようです。

バラの寄せ植えを作る際は、バラまたは、他の植物のどちらかを、ポットに入れたまま寄せ植えを作ります。それは、お互いの根を守ることに繋がるからです。

10月
16日
ドレスデンのプレート

ドイツ、ザクセン州の州都ドレスデンの「カール・ティーメ工房」で作られた「マリー・アントワネット・プレート」（1900年代中頃）です。イニシャルのM.Aが花文字で描かれ、それを囲むように、美しいバラ等の花々や、金彩のガーランド、リボンが描かれています。同じ州内にある「マイセン」は、ヨーロッパで初めての硬質磁器を作った高級磁器ブランドとして有名ですが、19世紀のドレスデンでは、マイセンで作られた白磁器に、絵付けする工房が多数出現しました。このように、主に絵付けが中心のドレスデンの工房の中で、1872年に創業した「カール・ティーメ工房」は、唯一素磁の生産から、最後の絵付けまでを一貫して行っている工房です。

マリー・アントワネットの名を冠したプレートは、近年陶磁器メーカー各社でよく作られていますが、どれも大変優雅なデザインと豪華な絵付けが施され、各社の最高級および人気プレートとして君臨していることがほとんどです。

10月
17日
ローズ・クラッカーサンド

手軽に作ることができて、ちょっとしたお洒落なワインのおつまみにもなります。ブラックペッパーとバラの甘さは意外にも合います。

【用意するもの】（9個分）

- クラッカー … 18枚
- クリームチーズ … 適量
- バラジャム … 適量
- ブラックペッパー … 少々
- ミントの葉

【作り方】

クラッカーの片面にクリームチーズを塗り、バラジャム、ブラックペッパー少々、ミントの葉をのせて挟めば出来上がり。

10月

18日

ローズ・リキュール

バラの香りを閉じ込めたローズ・リキュールがあると、お菓子作りにとても重宝しますので、開花期に作っておきます。香りのあるうちに使い切りましょう。

【用意するもの】

・バラの花弁（香りのよいもの）… 適量
・甲類焼酎（35度以上）… 適量
・氷砂糖 … 適量

【作り方】

❶バラの花弁を軽く洗い、水気を切る。

❷容器の全体量の約2/3の量まで花弁を入れ、その上から容器の約1/4の量の氷砂糖を加える。焼酎を材料が全部浸るよう容器に注ぐ。

❸密封して約1か月間冷暗所に置き、こし器で花弁を取り除いたら出来上がり。

10月

19日

我が家の小さなサンルーム

庭にサンルームというか、コンサバトリーを造るのが夢でした。イギリスのマナーハウスで見かける大きなコンサバトリーは天井も高く、窓の飾り枠や意匠等、日本には無いものばかりで外側から見ても、内側から見ても、ため息が出るほどの美しさでした。しかしながら、その感動をいくら家族に話しても、コストやメンテナンス、そして暑い夏と、いつも大反対され却下され続けてきました。

しかし、日本製ならコストやメンテナンスの面もなんとか、ということで、今回の家でようやく小さなサンルームを造ってもらうことができました。庭と室内とを繋ぐスペースとして、庭仕事の合い間の休憩場所、観葉植物の育成場所、ティータイムを楽しむ場所として、造ってもらって良かったと思っています。夏はやはり暑くて長時間は居られませんが、窓ごしに見える緑を眺めるだけでも爽やかな気持ちになることができます。

大きなコンサバトリーの夢は、夢のままになりましたが、夢のままにするのも良いことかもしれません。

プリンセス・ミチコ（F） 1966年　イギリス　パトリック・ディクソン作出　四季咲き性

10月

20日

プリンセス・ミチコ

上皇后美智子様が皇太子妃時代に、北アイルランドにあるディクソン社より捧げられたバラです。赤茶色の茎とマッチした、黄色味を帯びた鮮やかなオレンジ色の八重咲きの花が一際目を惹きます。

暑さに強い性質から、国内の多くの公園に植栽され、他のバラが咲いていない真夏でも花を咲かせている姿をよく見かけます。寒冷地や秋の涼しい頃になると、より花色が冴え、深みが増します。その姿を見ると、励まされるような気持ちになり、元気をもらえます。まさに美智子様のようなバラです。

10月

21日

ラ・ローズ・ドゥ・モリナール

黒みがかったグリーンの葉に、少しオレンジの入ったブライトピンクの大輪の花が映え、庭でフォーカルポイントにもなる独特な雰囲気を持つバラです。また、香水のようなエレガントでフルーティーな香りも人気が高い品種です。品種名は、南フランスのグラースにある老舗香水メーカーの名前に因みます。

ラ・ローズ・ドゥ・モリナール（S）　2008年　フランス　Delbard作出　四季咲き性

10月

22日

リヴレス

中輪の青みがかった美しい花を秋にもたくさん咲かせる、心地よいダマスクの香りをもつバラです。コンパクトな樹形で、鉢植えにも向いています。花弁は苦味やえぐみが無く、サラダに散らしたり、ケーキに飾ったりと食用にも適しています。秋にも暮らしを彩るバラとして、利用価値の高い品種です。

リヴレス（S）　2020年　日本　京阪園・小山内健作出　四季咲き性

ローズヨコハマ（HT）　2000年　日本　京成バラ園芸・平林浩作出　四季咲き性

10月

23日

ローズヨコハマ

純黄色の剣弁の花弁～丸弁の花弁の大輪の花は、健康的な緑の葉に映え、明るく美しい花姿を見せてくれます。香りもミルラ香を含んだティーの香りがあり、花持ちに優れます。

こちらは、「横浜ばら会」の創立50周年を記念して、2000年に創られ選ばれたバラです。横浜ばら会は、1949年にバラ展覧会が日本貿易博覧会反町会場で開催された翌年に仮称「横浜ばら愛好会」としてスタートし、1951年に正式に創立しました。

10月

24日

バラの歴史を紐解く本達

バラの歴史について勉強したい時、特におすすめなのはこちらの3冊です。

『薔薇　日本テキスタイルデザイン図鑑　明治大正昭和の着物模様』(永田欄子著／誠文堂新光社)

一見、バラの歴史と関係ないのでは、と思われる着物の本は、バラ柄の着物を通して、その着物が作られた時代の人々の心象、その人々が生きた時代背景、文化の流れまでが伝わってくるから不思議です。

『絵図と写真でたどる 明治の園芸と緑化』(近藤三雄、平野正裕著／誠文堂新光社)

明治時代の園芸と緑化について書かれた本は、日本における園芸と緑化の始まりと広がりについて詳しく記され、自国の園芸文化の発展と流れを理解するのに大変役立ちます。

『バラの物語 いにしえから続く花の女王の運命』(ピーター・E. クキエルスキー、チャールズ・フィリップス著、ダコスタ吉村花子訳、元木はるみ監修／グラフィック社)

私も監修役で関わらせて頂いた本書では、世界中のバラに纏わる歴史と文化が紹介され、古の時代から現代まで、いかにバラが人々の心と共に在り続けているかを物語っています。

いずれも、豊富な図版と共に、わかりやすく紹介されているのが特徴です。

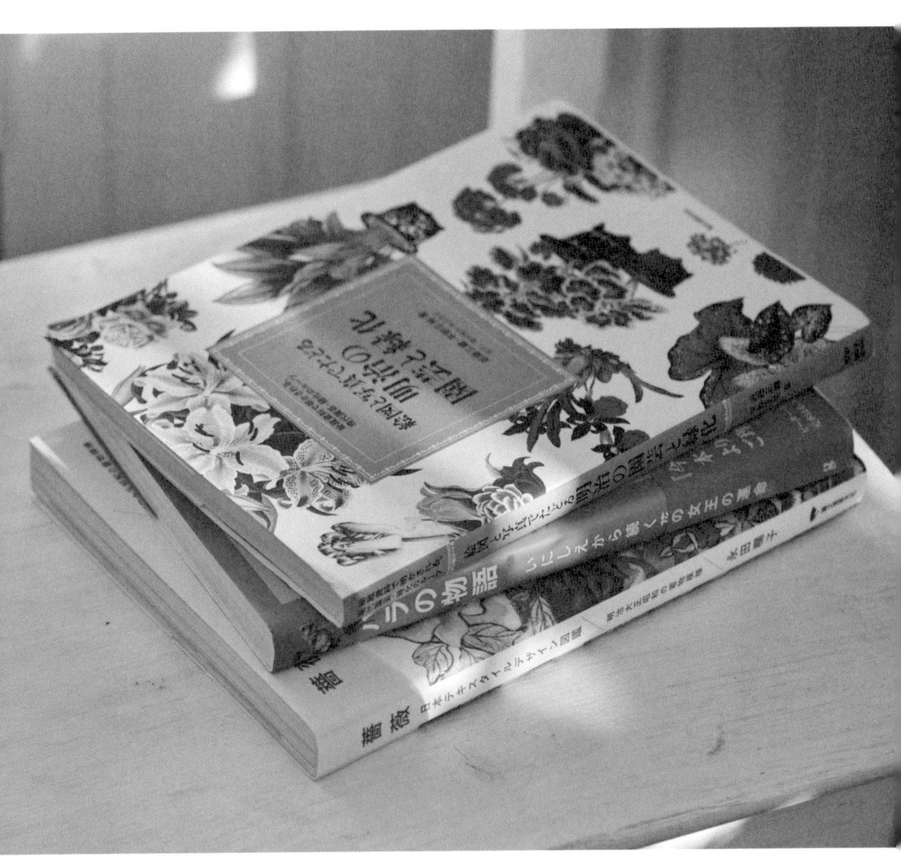
明治の園芸と緑化
バラの物語
いにしえから続く花の女王の運命
薔薇
日本テキスタイルデザイン図鑑

10月

25日

フォー・スタッド・ローズ・オブ・チャイナ

四季咲き性のバラやモダンローズ（現代バラ）の誕生には、中国のバラが大きな役割を果たしたといわれます。中国のバラは、まずインドに運ばれ、18世紀末頃からヨーロッパに持ち込まれました。最初にヨーロッパに渡った4つのバラを「フォー・スタッド・ローズ・オブ・チャイナ」（4つの種馬）と呼んでいます。

1789年（1792年という説もあり）、イギリス東インド会社の船長のひとりが、インドのカルカッタ植物園（当時）で深紅色のバラを見つけ、本国に持ち帰り、東インド会社の総裁で、園芸家でもあったギルバート・スレイター（1753-1793年）に贈りました。スレイターは、このバラを温室で育てて、「ベンガルローズ」の名で広めていきます。

10月

26日

ロサ・キネンシス・センパフローレンス

「ベンガルローズ」は‘スレイターズ・クリムソン・チャイナ’と命名されます。「クリムソン」は「深紅色」、「チャイナ」は「中国のバラ」を意味します。また「センパフローレンス」は、「常咲き」を意味します。ルドゥーテの『バラ図譜』にはロサ・インディカと記され、「インド経由でやって来た中国のバラ」だとわかります。当時の西洋バラには無かった深紅の花色と四季咲き性、コンパクトな樹形が注目され、このバラを交配親に新しい品種が誕生していくことになります。

現代バラのクリムソン系のほとんどのバラが、元をたどるとこの品種に行きつくといわれています。「フォー・スタッド・ローズ・オブ・チャイナ」（4つの種馬）と呼ばれる中国由来のバラの1品種です。

ロサ・キネンシス・センパフローレンス（Ch）　別名スレイターズ・クリムソン・チャイナ、ベンガルローズ、ロサ・インディカ　中国　9世紀以前　四季咲き性

ヒュームズ・ブラッシュ・ティーセンティッド・チャイナ（Ch） 別名ローザ・オドラータ、彩暈香水月季　中国　四季咲き性

10月

27日

ヒュームズ・ブラッシュ・ティーセンティッド・チャイナ

俯きながら花を咲かせる控えめな印象のこちらのバラは、中国からヨーロッパに渡った「フォー・スタッド・ローズ・オブ・チャイナ」（4つの種馬）のひとつ、ヒュームズ・ブラッシュ・ティーセンティッド・チャイナです。1809年、菊の園芸を行っていた英国人エイブラハム・ヒューム卿が、東インド会社を通じ、この苗を広東の種苗商から入手したことから、そう呼ばれるようになりました。ティー（Tea）は、花に紅茶の香りがあることから付けられました。中国南西部に自生するロサ・ギガンティアと、コウシンバラとの交雑品種と考えられています。

コンパクトな樹形に優しい花色、四季咲き性、紅茶の香りといったヨーロッパに無かった特性を持つバラと、ヨーロッパのバラが交配され、様々な品種の誕生に繋がりました。

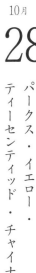

10月

28日

パークス・イエロー・ティーセンティッド・チャイナ

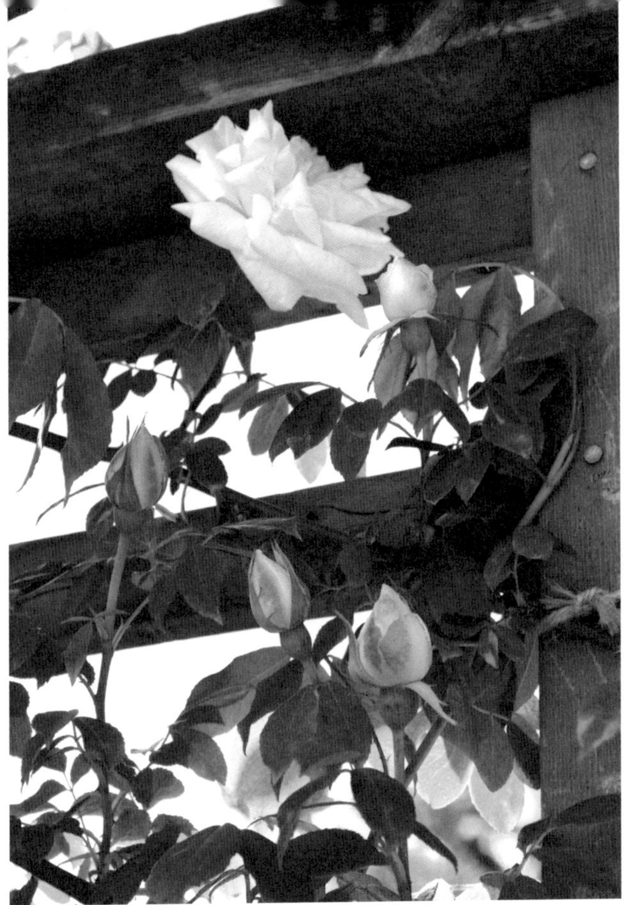

ヒュームズ・ブラッシュ・ティーセンティッド・チャイナ（Ch） 別名ローザ・オドラータ、彩暈香水月季 中国 春の一季咲き性

こちらも「フォー・スタッド・ローズ・オブ・チャイナ」のひとつですが、他の3つがコンパクトな樹形で四季咲き性なのに対し、こちらは枝が長く、つる性で春の一季咲き性になります。淡い黄色の花を咲かせ、お茶の香りがすることから、こちらも中国南西部に自生するロサ・ギガンティア由来のバラとされています。中国に派遣されたジョン・パークス氏が、1824年に英国王立園芸協会に送付したことから、パークス氏の名を取って命名されました。ただ、現在パークス・イエロー・ティーセンティッド・チャイナの品種名で流通しているバラは、別の品種ではないかといわれています。

ロサ・キネンシス・オールド・ブラッシュ（Ch） 別名パーソンズ・ピンク・チャイナ、ロサ・インディカ・ブルガリス　中国　四季咲き性

10月

29日

ロサ・キネンシス・オールド・ブラッシュ

中国・広東近郊で収集されたこちらのバラは、諸説ありますが、1793年にキュー王立植物園の園長であったジョセフ・バンクスによって、イギリスへ導入されたと言われています。そして、リックマンズワースの育種家パーソンズ氏の庭で開花したことが最初と言われ、パーソンズ・ピンク・チャイナと呼ばれるようになりました。

1798年にはフランスに導入され、ルドゥーテの『バラ図譜』には、ロサ・インディカ・ブルガリスと書かれており、「ブルガリス」とは、「普通の」「ありふれた」という意味です。

このバラの枝替わりには、クライミング・ローズの‘クライミング・オールド・ブラッシュ’と、グリーン・ローズの‘ロサ・キネンシス・ヴィリディフローラ’があります。

また、ノワゼット・ローズや、ポリアンサ・ローズ、ブルボン・ローズ他の誕生にも関わっている等、バラの歴史上とても重要な品種で、「フォー・スタッド・ローズ・オブ・チャイナ」（4つの種馬）と呼ばれる中国由来のバラの1品種です。日本でも、昔から庭先等で植栽されていました。

10月

30日

庭の片隅に

バラのお手入れ中に、剪定しようと思った花殻ではなく、残しておきたかった花や蕾を間違えてカットしてしまうことが時々起こります。とてもがっかりしますが、間違えて切ってしまった花や蕾を捨てるのではなく、こちらのように水を張った花器に浮かべれば、ガーデンも華やかになり、気持ちも軽くなります。

私は庭の片隅に写真のようなコーナーを設けています。バラや季節の花々をそこに浮かべるだけで庭の片隅が明るくなり、アイキャッチとして目を楽しませてくれるコーナーになってくれます。

10月

31日

ハロウィンの夜

日本国内でのハロウィンは仮装して夜の街に遊びに出かけることが主流になっているようですが、元々は、2000年以上前のヨーロッパのケルト文化が発祥です。夏の終わりに秋の収穫を祈り、悪霊を追い払う宗教的祭礼「サウィン祭」が起源といわれています。

10月31日は、ケルトの暦の上では1年の終わりであり、現世と来世の境界が弱まる時と考えられ、死者の魂が家族の元へ戻ってくる日です。一緒に戻って来る悪霊を追い払う魔除けの意味を込めて、仮面を飾ったり、身に着けたりしたことが仮装に繋がっていったとされています。

キリスト教では、10月31日〜11月2日の間に、現世に戻ってくる死者の魂を慰める期間とされ、11月1日は諸聖人に祈りを捧げる「万聖節」(All Hallows)、その前日10月31日の夜を「万聖節前夜祭」(Halloween)と呼ぶようになりました。

我が家のハロウィンは、秋の実りを祝い、感謝を込めて、毎年ちょうどこの時期に色付くローズヒップを、ローズマリーやカボチャ、キャンドルと飾って、静かに楽しんでいます。こちらのローズヒップは、ハイブリッド・ムスク・ローズの‘バレリーナ’のローズヒップです。

11月

1日

ローズヒップのヴィクトリアサンドケーキ

ヴィクトリア女王がお好きでいらしたというヴィクトリアサンドケーキは、イチゴジャムやラズベリージャムをサンドするのですが、ローズヒップジャムでも美味しく頂けます。ただ、ローズヒップジャムのみですと風味がバターケーキのスポンジに負けてしまいますので、爽やかなレモンの風味をプラスします。甘酸っぱい酸味が、バターケーキとよく調和します。

【用意するもの】(直径15cm丸型1台分)

・無塩バター … 100g
・グラニュー糖 … 100g
・卵 … 2個
・薄力粉 … 100g
・ベーキングパウダー … 4g
・ローズヒップジャム … 大さじ2
・レモン汁 … 大さじ1
・生クリーム … 100mℓ
・粉砂糖 … 適量

【作り方】

❶室温に戻した無塩バターをボウルに入れ、ゴムベラで滑らかにする。グラニュー糖を加え、泡立て器でよくすり混ぜる。

❷溶きほぐした卵を1に少しずつ加え、その都度よく混ぜ合わせる。

❸ふるった薄力粉とベーキングパウダーを2に加え、ゴムベラで粉気がなくなるまで切るように混ぜ合わせる。

❹型にクッキングシートを敷き、生地を入れ、表面を平らにならす。

❺170℃に予熱したオーブンで40分ほど焼く。竹串を真ん中にさして、生地がついてこなければ焼き上がり。型から外し、ケーキクーラーにのせて冷ます。

❻ローズヒップジャムとレモン汁を混ぜ合わせる。

❼生クリームを泡立てる。

❽冷ましたスポンジ生地を横半分にスライスし、カット面に6を塗り、その上から生クリームを塗る。

❾もう一方のスポンジ生地を重ね、上に粉砂糖をふるいかけて出来上がり。

11月

2日

マリー・アントワネットとバラ

マリー＝アントワネット＝ジョゼフ＝ジャンヌ・ド・アブスブール＝ロレーヌ（1755年11月2日 - 1793年10月16日）の生涯は、日本では池田理代子さんによる漫画『ベルサイユのばら』によって、強く記憶に刻まれたように思います。私自身まさに「ベルばら」世代ですので、小学生の時に夢中で読んで虜になったひとりです。魅力的な登場人物たちと共に、華麗でドラマチックなその世界観に惹き付けられました。

マリー・アントワネットに今なお人々の関心が集まり、人気があり続けるのは、ただ贅沢三昧をした王妃ではなく、人間として共感できる部分があることに気付かされたからではないでしょうか。例えば、夫のルイ16世から「花を愛する君に」と贈られたヴェルサイユ宮殿の離宮「プチ・トリアノン」には、田舎の風景を模した庭園が造られたのですが、そこに癒しの場所を必要としていた彼女の姿が浮かび上がり、子供時代には図り知れなかったマリー・アントワネットの苦悩に想いを馳せることが出来るのかもしれません。また、寝室に採用された小さなバラの花と矢車菊の模様等を目にし、豪華絢爛ではない愛らしさといった、若い彼女の本当の好みを知って、彼女への共感のような感情が深まったのかもしれません。香りの良いバラ、ロサ・ケンティフォリアを愛していたことも、香りによる癒しを求めていたのでは、と想像が膨らみます。

何をしても風刺画に描かれ、悪く言われるようになり、注目の的であった彼女にとって、バラという花は、いったいどんな存在であったのか、確かめることができたらと思ってしまいます。断頭台の露と消えた時は、まだ37歳の若さでした。

11月

3日

秋バラの季節

秋バラは花数こそ春より少ないものの、その分、春より少し大きく開き、気温低下のため香りが強く感じられます。朝晩と日中の気温の高低差が花色に深みを出す等、春のバラとは違う楽しみがありました。

しかし、ここ数年は地球温暖化の影響なのか、まるで夏花の延長のように花が小さく、これを秋バラといえるのか、疑問に思うことが多くなりました。それでも、日を追うごとに徐々に気温が下がり、害虫の被害も少なくなってくると、蕾も夏よりは多く大きく膨らんできます。

11月

4日

ローズヒップをもっと増やすために

11月の上旬、ツクシイバラ（ロサ・ムルティフローラ・アデノカエタ）のローズヒップは、オレンジ色の部分と、まだグリーンが残っている部分が混ざり合って、とても綺麗です。花殻を摘むのを我慢して良かったと思うのもこの頃です。

来年はもっとこのローズヒップを増やしたいと思いますが、そのためには春にたくさん花を咲かせないといけません。春にたくさん花を咲かせるためには、これからの冬に行うお手入れが肝心です。バラの1年の始まりは「冬」といわれるのは、そういうことだからかと思います。

11月
5日
隅で咲くバラ

秋の庭の隅で咲いていた白いバラ'プロスペリティ'(HMsk)。枝が伸びて暴れて、隅っこにいってしまっても、綺麗なものは綺麗だな、と改めて思いました。せっかく美しく咲いてくれたバラ、気が付かないのはもったいないですね。

11月
6日
一瞬の輝き

秋の陽射しをいっぱいに受けて、バラが輝きだす秋の午後。いつもそこに植わっているのだから、いつでも見ることができるだろうと思ったら大間違い、刻々と変わる秋の陽射しに、いつも大慌ての毎日ですので、この一瞬を見られただけでも幸せだと思います。

ピンク・ビンテージ（S）　2011年　フランス　Dorieux作出　四季咲き性

11月

7日

ピンク・ビンテージ

濃いピンク色の蕾が開くと、中からオレンジ色の花弁が現れ、光輝くように元気いっぱいに花を咲かせます。春も綺麗ですが、秋の冴えた花色が、周囲の秋色の風景ともよくマッチして、独特の世界観を漂わせます。時間の経過と共に、花色にブラウンがのりますが、シックさがプラスされ大人の雰囲気に。まさに名の通り「ビンテージ」を感じさせます。

11月

8日

東京競馬場の正門

まるでロンドンのバッキンガム宮殿の門のような豪華なこちらの門は、東京競馬場の正門です。春は赤い花を咲かせるつるバラが満開になります。この光景は本当に美しく、初めて見た時は感動してしまいました。

「赤」はダービーのイメージカラーだそうで、こちらの正門を入った脇のローズガーデンには、赤を基調としたバラが約200品種も植栽されているそうです。5月には、バラが咲き誇る中でちょうど優駿牝馬（オークス）や東京優駿（日本ダービー）が、華やかに開催されます。

11月

9日

競争馬とバラ

競馬に疎い私は最近まで知らなかったのですが、競馬の世界では「薔薇一族」という言葉があります。それは1992年、日本を代表する競走馬の生産牧場として知られる「ノーザンファーム」(代表、吉田勝己氏)が、フランスから輸入した繁殖牝馬「ローザネイ」(Rosa Nay)から派生する競走馬の一族を指すのだそうです。

その一族の馬名には、バラに関する名前が付けられました。ローザネイ(バラの妖精)、ロゼカラー(バラ色)、ローズバド(バラの蕾)など、様々に名付けられています。

11月

10日

11月のバラ

ひんやりとした空気の中で、バラたちの開花は急にゆっくりとなったように感じます。

1年間で、1輪のバラが魅せる最も美しい時期は、11月かもしれません。全体が明るく華やいだ春の美しさと、一輪一輪に深みが凝縮された秋の美しさ、どちらも味わうことができる私たちは幸せだと思います。11月のバラを、庭から集めてきました。

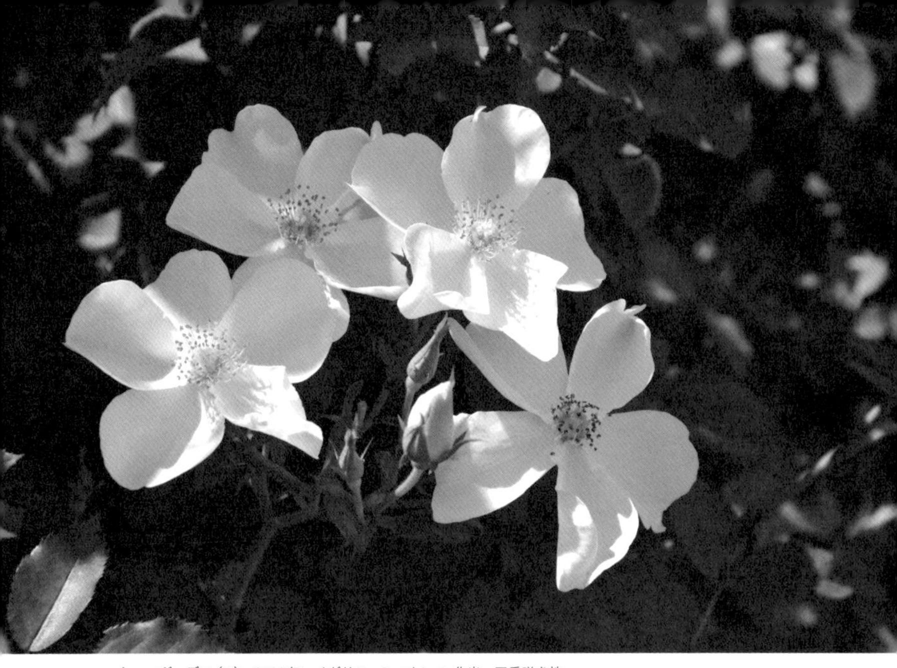

キューガーデン（S）　2009年　イギリス　David Austin作出　四季咲き性

11月

11日

キューガーデン

ロンドン南西部にある王立植物園「キューガーデン」の創立250周年を記念して命名されました。キューガーデンは、1759年に宮殿併設の庭園として始まり、現在園内には約4万種の植物を有し、世界一の植物の乾燥標本や種子の保存数を誇ります。イギリスでの歴史的、かつ文化的な価値と、植物学の発展に大きな役割を果たしたことが評価され、2003年にユネスコ世界遺産に登録されました。

淡いアプリコットイエローの蕾が開花すると、中輪の5弁の、クリーム色～白色の花が開き、房咲きとなります。シベをのぞかせ、花弁の基部は、レモン色になります。一見、遥か昔の原種のバラを思い起こさせます。

11月

12日

生育旺盛なランブラー・ローズ

初冬の時期ですが、ここ数年間は暖冬により、バラの落葉がだいぶ遅くなりました。

11月に入っても、まだ葉が青々と茂り生育旺盛なランブラー・ローズです。切っても切っても、すぐ枝が伸びてしまいます。剪定しないと窓の開け閉めも大変ですが、綺麗な葉には心が癒されます。

11月

13日

つるバラのシュート

つるバラのシュートがぐんぐん伸びてきました。古い枝は、やがて木質化し、花付きが悪くなってしまいます。ですので、新しい元気なシュートの出現は嬉しいものです。つるバラの場合は、枝の途中から新しいシュートが発生して、その先に元気に花を咲かせることがよくあります。ですので、枝の見極めが大切になってきます。

冬に、枝を誘引から外した時に、残す枝とカットして取り除く枝をよく見極めましょう。そして、このような新しく伸びたシュートは、折れないように支柱を立てて誘引し、固定しておきます。

クロード・モネ（S） 2012年 フランス Delbard作出 四季咲き性

11月

14日

クロード・モネ

フランス印象派の画家クロード・モネ（1840年11月14日 - 1926年12月5日）の名を冠したフレンチローズ'クロード・モネ'は、筆や刷毛で色を足して描いたかのような、鮮やかで明るいピンクと黄色の絞り模様のアーティスティックな花色が特徴です。

モネは生前「生きたキャンバス」と呼ばれる、絵を描くための庭をフランス、ジヴェルニーに造り、創作活動を行いました。植物をこよなく愛したモネ、もしこちらのバラと出会ったら、どのように描いたでしょうか。

11月

15日

最後まで心潤す花弁たち

　庭のバラを摘んで家で飾ると、やがてハラハラと、またはバサッと、散り際は様々ですが、必ず散る時がやってきます。ですが、散ったばかりの花弁はまだ綺麗で、すぐ捨てる気にはなれません。

　最後の最後まで、心を潤してくれる花弁たちに、感謝を込めて、大切に愛でたいといつも思います。

ミンナ（F） 1930年 ドイツ Kordes作出 四季咲き性

11月

16日

ミンナ

千葉県の京成バラ園でこちらのバラを初めて見た時は秋の開花シーズンでした。花付きが良く、花色が愛らしく綺麗で、一瞬で心が奪われてしまいました。名札を見ると1930年作出と、ずいぶん以前に誕生していたバラだと解りとても驚きましたが、どこかですでに出逢ったことのあるような、そんな気がして帰宅したのを覚えています。

一説には、'グルス・アン・アーヘン'(F)の枝変わりのひとつだという説があることを知り、我が家にもある同じ枝変わりの'ピンク・グルス・アン・アーヘン'(F)（以前の品種名：イレーヌ・ワッツ）に似ていたことから、このような印象をもったのだと気が付きました。似てはいますが、'ミンナ'の方が、一回り小さな花だったように記憶しています。それでも、充分に心が奪われてしまうほど、魅力的なバラ、'ミンナ'に、また会いに行きたいと思います。

メアリー・レノックス（S） 2021年 日本 木村卓功作出 四季咲き性

11月

17日

メアリー・レノックス

クリームピンクの花色の花弁は徐々にロゼット咲きになり、上を向いて整った美しい姿に開花します。ダマスク香に、ミルラ香が混ざり合う香りは強く、花持ちが良いのも特徴です。また、耐病性の高い健康的な葉は、花色と良くマッチして全体的に明るく輝くような印象です。

フランシス・ホジソン・バーネット作の小説『秘密の花園』の主人公、メアリー・レノックスに捧げられたことが命名の由来です。以前、バーネットが『秘密の花園』を執筆していたイギリス・ケント州にある、18世紀に建てられたザ・グレート・メイサムホールを訪れたことがあります。広大な敷地の中に美しい花々が植えられたガーデンが静かに佇み、まさに秘密の花園のようでした。

スルタン・カブース（LCL）1989年　フランス　Meilland作出　返り咲き性

11月

18日

スルタン・カブース

大輪で剣弁高芯咲きの赤い花を長く伸びた枝先に咲かせ、株自体の強さと共に、全体の姿は風格を感じさせます。

スルタンとは、「イスラム王朝の君主」のことで、こちらは、中東に位置するオマーン・スルタン国の第8代国王であるカブース国王(1940-2020年)に捧げられたバラです。カブース国王は、オマーン国民に進歩と安寧をもたらし、日本との親善にも大変ご尽力されました。カブース国王の祖父に当たる先々代国王タイムール国王は、退位後に日本人の大山清子さんとご結婚され、このふたりの間には、カブース国王の叔母に当たるブサイナ王女が誕生しています。2011年の東日本大震災の際には、オマーン・スルタン国の王族系企業から、南相馬市の落合工機に26億円もの発注をかけてくれる等、親日国家として有名です。

2012年の、日本とオマーン・スルタン国の外交関係樹立40周年を記念して作られたロゴには、両国の「結びつき」と「未来への展望」をテーマに、穏やかな青い空の下、風紋が美しい模様を描く広大な砂漠に根ざす、一本の根に開花するふたつの国花(桜とバラ)が描かれました。

2022年には、日本とオマーン・スルタン国外交関係樹立50周年を迎えました。

11月

19日

庭にローズヒップが実るバラを

一口にローズヒップといっても、色々な形があるのをご存じですか？　こちらの楕円形をしたローズヒップは、‘ロサ・エグランテリア’のローズヒップです。若葉にリンゴのような甘く爽やかな香りを持つ野生種のバラで、花殻を取らずにおくと、ローズヒップが綺麗なオレンジ色に色付き、たわわに実った姿は、秋の収穫祭を連想させます。こちらのローズヒップで、ティーやジャムを作ることもできます。

春は花を、秋はローズヒップの恵みをもたらしてくれるバラ。その両方を楽しみたいのであれば、ローズヒップがたくさん実るバラを選びましょう。そして、ローズヒップがたくさん実っても、樹勢が弱らない品種を選ぶことが大切です。お気に入りのローズヒップを見つけたら、ぜひ、苗を購入し植えてみて下さい。春と秋、それぞれ違う楽しみ方で、バラのある暮らしがさらに楽しくなるかと思います。

11月20日

秋の二番花の準備中

秋の一番花が終わり、二番花が上がってくるまで、少し時間がかかるようになりました。秋の陽射しをたっぷり受けて、おそらく今年最後のお花になるかもしれないな、と思いながら、蕾が膨らんでくるのを待ちます。

11月21日

ティー・ローズの蕾

ティー・ローズの蕾は、様々な色合いが見え隠れして、とても綺麗です。特に秋は、その色合いが鮮明になり、花色を構成している各色味が姿を現します。光が加わり、その繊細な美しさに時間を忘れていつまでも見ていたくなるほどです。

11月

22日

ローズヒップのドライ作り

オレンジ色に染まったロサ・ルゴーサ（別名：ハマナス）のローズヒップから種を取り出し、スライスし、ドライを作っています。枝には棘が多いロサ・ルゴーサですが、実は約２cmの大粒で艶々とし棘もなく、とても扱いやすいのが特徴です。元来、病害虫に強い品種ですので、薬剤散布もあまり必要なく、無農薬で育てられます。

秋は乾燥していますのでドライも作りやすく、風邪の季節に備えて、ビタミンＣ豊富なローズヒップをドライにしておくと、ティー等で頂くことができます。

11月

23日

ミリーラ・フォーレのケーキ

ローズホテル横浜1Fにある「パティスリーミリーラ・フォーレ」のバラ形のケーキ「ザ・ローズ」です。

赤いバラの花を象った美しいケーキは、雫のようなアラザンがのり、ビジュアルが最高です。お味もバラ科の果物フランボワーズのムースやジュレ等、甘酸っぱさと、バニラのムースやダコワーズが絶妙なバランスです。横浜中華街にありますので、お食事後のデザートに頂いたり、お土産に購入したりしています。今回は家で、秋のバラを眺めながら頂きました。

11月

24日

秋のドライ作り

乾燥気味の秋は、ドライ作りにはぴったりの季節です。これから花が無くなってしまう冬の間も、ドライを作っておけば、(ドライではありますが) 花を楽しむことができます。満開のバラではなく、満開の少し前の状態をドライにすると良いようです。

赤く色付いたローズヒップのドライも一緒に作ります。ドライを作りながら、季節感を心行くまで楽しみます。

クレパスキュール（N）1904年　フランス　Francis Dubreuil作出　四季咲き性

11月
25日
クレパスキュール

フランス語で「夕暮れ」の意味の名が付いたバラは、ノワゼット・ローズに特徴的な濃淡のあるアプリコット〜クリーム色の花弁で、ひらひらと蝶のように咲き、エレガントな中にも、まさに名前の通り、夕暮れ時のどことなく翳りを帯びた独特な雰囲気を持つバラです。

株は暑さにも寒さにも強く、私は、一度も薬剤をかけることなくこちらの‘クレパスキュール’と約20年間一緒に過ごしてきました。低いフェンス向けの、本当に丈夫で花付きの良いバラのひとつです。

11月

26日

アメリカ山公園 ハニーラテベース

横浜、山手にあるアメリカ山公園で、バラをはじめとする様々な花から蜜蜂が集めたハチミツを使用して作られた「アメリカ山公園　ハニーラテベース」。アラビカ種のコーヒー豆をフレンチローストし、深煎りながら雑味がなく、きれいな後味に仕上げたコーヒー抽出液に、純粋なハチミツをたっぷり配合した希釈コーヒー飲料です。甘味はハチミツのみで、砂糖や香料は一切使用していないとのことです。牛乳や豆乳、アーモンドミルクに少し混ぜて頂いたり、シロップ代わりにアイスクリーム等にかけて楽しんでいます。

11月

27日

世田谷区立大蔵運動公園

世田谷区立大蔵運動公園の入り口正面にはバラの花壇があり、訪れる人の憩いの場となっています。秋に訪れた時には、'チャールストン'(F) が満開に咲き誇っていました。黄色に赤の覆輪の艶やかな花弁が、秋の光の中で楽し気にダンスを踊っているかのようでした。

11月

28日

都立代々木公園

都立代々木公園は明治神宮の隣に位置し、1967年10月、東京オリンピック選手村の跡地に誕生しました。園内は約1/3が樹木に覆われているそうで、まさに都内のオアシス的存在です。秋の夕方に散歩すると、沈み行く夕陽に照らされたバラたちが目の前に現れました。思いがけない美しい光景は、息をのむほどでした。

11月

29日

ピエール・エルメのイスパハン

日本でも大人気のパティスリーショップ「PIERRE HERMÉ PARIS」（ピエール・エルメ・パリ）は、「パティスリー界のピカソ」と呼ばれるピエール・エルメ氏が1996年に創業し、日本には1998年に東京の紀尾井町にある「ホテルニューオータニ」に第1号店をオープンさせました。
こちらの「イスパハン」には、深紅のバラの花弁がのっています。バラ色のマカロンコックの間にはフランボワーズとライチ、バラ風味のクリームと、考え抜かれた最高の組み合わせによるハーモニーを味わうことができ、私はいつも夢心地で頂きます。

「イスパハン」とはイランの歴史的な古都の名で、16世紀末にサファヴィー朝の首都に定められ発展を遂げました。「イランの真珠」と称えられる美しい街並みは、古くからダマスクローズの生産地としての歴史も刻んでいます。

ちなみに、バラの品種‘イスパハン’は、ダマスク系のオールドローズで、美しいピンクのロゼット咲きの花を咲かせます。

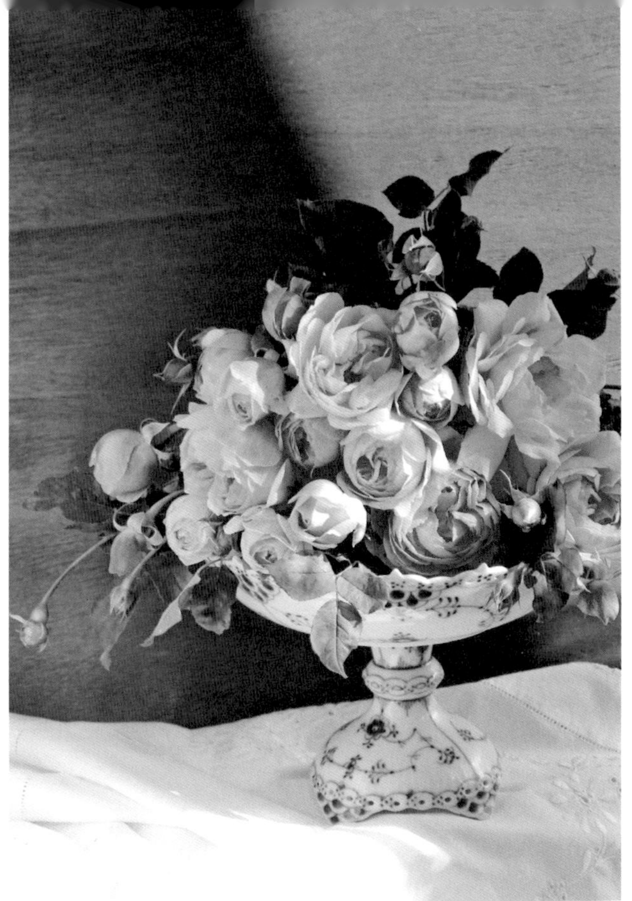

11月

30日

摘んで飾って、写真に収めて

秋のバラを、庭からたくさん摘んできました。冬が近付くにつれてだんだん花も固くなり、蕾の上がりも少なくなり、バラたちも冬の準備を始めていると気付かされます。

今のうちに、たくさん写真に残しておきましょう、と私も花の無くなる冬を迎える準備に大忙しです。

12月

1日

冬のリース作り

冬のリース作りは庭に咲いている花々を集めることから始めます。冷たい空気の中でも、じっと耐えるように咲いていた冬の花たちは、少しこわばった表情で他の季節とは違った顔を見せています。

土台のコニファー等に比べるとバラの花の持ちは良くありませんので、土台はそのままにし、花が萎れたら取り除き、また新しいバラを摘んできて挿しなおすことを2～3回繰り返します。

その都度、花色も雰囲気も、香りも変わり、変化を味わいながら長く楽しむことができます。

12月

2日

黒い花器

大輪になってきた初冬のバラ。それぞれの特徴をよく観察できる時期でもあります。
バラの花を黒い花器に挿すと、花が際立って見えて、似ているバラでも、ここに違いがある等、確認することができます。この時期は、一輪一輪の花の個性を存分に味わいたいと思います。

12月

3日

ローズヒップのコーディアル

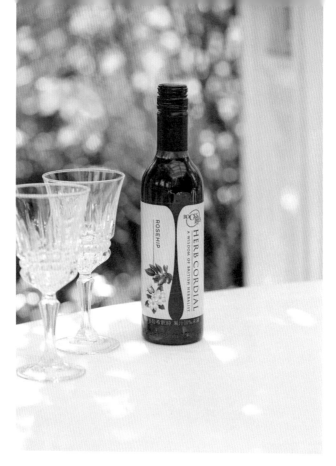

厳選したハーブや精油、植物油など、世界中の自然の恵みを長きにわたって日本で紹介・販売し続けている「生活の木」さんが取り扱う「ROCKS&TREE　ハーブコーディアル　ローズヒップ」。英国のROCKS ORGANIC社と、生活の木さんとのコラボブランドによるハーブ飲料です。ローズヒップ濃縮果汁、ラズベリー濃縮果汁、クエン酸等が入った甘酸っぱくて赤い色味が綺麗な希釈用飲料です。

庭仕事の合間に水やお湯、炭酸等で薄めて頂くと、風邪の予防にもなり、疲れが軽減されるので、特に秋〜冬の必需品になっています。

12月

4日

ホワイトクリスマス

花色はクリームを帯びたホワイトで、丸弁の極大輪咲きです。雨に当たると上手く開かないこともありますが、乾燥した日が続くと、大きな花弁が開き、美しい花姿となります。甘いフルーティー香が強く香り、香りが良い古いハイブリッド・ティー・ローズとして貴重な存在のバラです。

ホワイトクリスマス（HT）　1953年 アメリカ　Howard & Smith 作出　四季咲き性

12月

5日

バーガンディ・アイスバーグ

白花の名花'アイスバーグ'（F）の枝変わり'ブリリアント・アイスバーグ'の枝変わりと言われています。初めてイギリスで見た時、濃いワインレッドの花とシベ、香りも少しスパイシー香が感じられ、とても感動したのを覚えています。現在は日本国内の各地の公園等でよく見かけられるようになりました。

バーガンディ・アイスバーグ（F）　2007年　ドイツ　Edgar Norman Swane 作出　四季咲き性

12月

6日

原罪とバラの棘

「エデンの園」は旧約聖書の『創世記』に登場する理想郷とされています。「エデンの園」の「善悪の知識の木」になる「禁断の果実」は、食べてはいけないとされていました。食べれば死が待っていると神が警告していたのです。しかし、神の警告を無視して、「その果物を食べれば、神のようになれる」と言う蛇の誘惑に負けて、イヴは「禁断の果実」(後の時代にリンゴとされる)を食べ、アダムにも食べさせてしまいます。このことにより、神の怒りをかったイヴとアダムは、「エデンの園」から追放されてしまいます。

イヴとアダムがこの罪を犯す以前のバラには、棘が無かったとされています。バラの棘は人が犯した原罪を忘れないために生えたといわれ、原罪を免れた聖母マリアは、「棘の無いバラ」に例えられます。「ロサ・サンス・スピナ」とは棘の無いバラを意味し、聖母マリアを象徴しています。

12月 7日

ベーサルシュートの出現

まるで新しい命が復活するかのように、株元から出てきてくれたベーサルシュート。バラの枝は、こうして古い枝と入れ替わるように、新しい枝が出現することがあります。

新しい枝は、希望の光のようです。大切に育てれば、やがてこの株を担う逞しい枝に成長することでしょう。そして、来春には花を咲かせてくれることでしょう。

12月

8日

ローズヒップのキャンドル

クリスマスの飾り付けをしました。ガラスのカップにローズヒップを入れて、中央に電池式のキャンドルを入れて灯せば幻想的なローズヒップのシルエットが浮かび上がる美しいライトになります。

中には水を入れず、ローズヒップは、そのままドライにしても素敵です。電池式のキャンドルでも、長時間の点灯で周囲が熱くなりますので、火事ややけどには充分にお気を付け下さい。

12月

9日

ハマナスのお印絵

皇后雅子様のお印は、‘ハマナス’(ロサ・ルゴーサ) です。その「ハマナス」のお印絵が付いたボールペンは、皇居東御苑内休憩所売店で購入したものです。東御苑を訪れた記念に、自分用のお土産として購入し、数年間使用していますが、太字でしっかりとした書き心地は、記念品としてだけでなく、実用品としてとても優れています。品質が良く、値段もお手頃、日本の皇室の品格が、このボールペンにも宿っているように思えます。

ハマナスは現在、欧米等で「ジャパニーズ・ローズ」と呼ばれています。日本原産のバラであることと、皇后雅子様のバラであることが理由かと思われます。

12月

10日

赤いバラを育てる理由

淡く優しい花色のバラが好みで、庭にも多く植栽しがちですが、濃い色合いのバラの必要性を感じることがよくあります。

庭では、ポイント的に赤系のバラを植栽すると庭が引き締まるように感じられます。また、バラのある暮らしの中では、赤系の色でなければならない、ということが多々あります。例えば、花弁をドライにする時やバラ染めを行う際には、赤系の花弁がたくさん必要です。ですので、ほどよく植えて育てることにしています。写真のバラは、2015年にフランスで作出されたデルバール社の'アレゴリー'(S)です。アレゴリーとは寓意であり、バラは様々な寓意で語られます。

12月

11日

真澄の青空

大正ロマンを代表する画家、高畠華宵（1888年4月6日-1966年7月31日）によるこちらの便箋表紙絵『真澄の青空』（大正末期〜昭和初期）には、当時人気であったハイブリッド・ティー・ローズの大輪のバラが描かれた羽織とドイツスズランの絵柄の着物を着た女性が描かれています。背景のススキや紅葉で、秋から冬にかけての画であることがわかりますし、それにより背景に植栽されている白いバラは、四季咲き性だとわかります。

着物は絵柄の花によって季節感を出し、その花の時期より少し前に着るのが慣わしですが、モダンローズとなって四季咲き性が多く作出されたバラの花は、温室の普及で通年咲くようになりました。そして切り花のバラの普及と共に、通年着ても良い絵柄となったのです。こちらの絵が描かれた当時には、すでにそのようになっていたことがわかります。

12月

12日

ティータオル集め

イギリスに旅行へ出かけた時、ローズガーデンや観光スポット、駅や空港等、様々なお土産屋さんでよく見かけるのがティータオルです。さすが紅茶好きの国のお土産と思い、手に取ってみると、その土地の情報がとても素敵にデザインされていて、たちまちファンになってしまいました。

また、英国王室の記念グッズとしても人気で、各紅茶メーカーや食器メーカーから販売されれば、たちまち品切れとなってしまうようです。私も、入手できるものはなるべく集めて、たまに広げて、旅の思い出に思いを巡らせています。

12月

13日

ローズヒップのクリスマス飾り

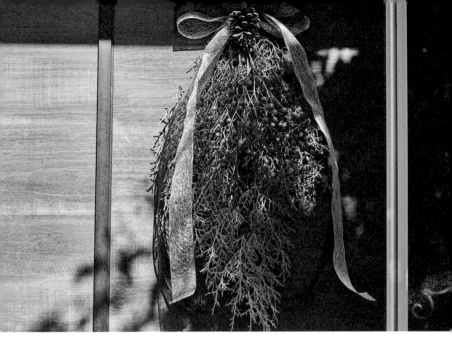

毎年12月は、庭のローズヒップとコニファーで、クリスマスの玄関飾りを作ります。ちょうどこの時期に実ってくれるツクシイバラ（ロサ・ムルティフローラ・アデノカエタ）のローズヒップは、とても重宝しています。

コニファーの枝とともに細い針金で束ねて、リボンを結ぶだけの簡単な飾りですが、このままドライになりますので、クリスマスが終わるまでずっと飾っておくことができます。時折、小鳥についばまれることもありますが、それは仕方ないことと大らかな気持ちで見ています。

12月

14日

クリスタライズド・ローズ

硬めの花弁でも美味しく頂けます。粗いグラニュー糖だと光がキラキラ反射する仕上がりに、細かいグラニュー糖だと霜が降りたような雰囲気に仕上がります。1か月ほどで食べきって下さい。

【用意するもの】

・バラの花弁（食用または無農薬）… 好きなだけ
・卵白 … Mサイズ1個分
・レモン汁 … 少々
・グラニュー糖 … 適量
・乾燥剤、保存容器

【作り方】

❶花弁を洗い、水気を切っておく。

❷卵白にレモン汁を混ぜ、花弁に薄く指で塗る。

❸グラニュー糖をまぶし、クッキングシートの上に重ならないように広げる。

❹3〜5日、パリッとするまで乾かす。乾いたら保存容器に移し、乾燥剤を入れて冷蔵庫で保管する。

12月

15日

ローズヒップのハチミツ漬け

ビタミンCが豊富なローズヒップ。ビタミンC以外にも、カルシウム、鉄分、ベータカロチン、ビタミンE、食物繊維他が含まれているといわれています。本来ビタミンCは水や熱に弱く、身体に吸収されにくいのですが、ローズヒップの中には、ビタミンCを守るビタミンPやビタミンEも含まれているため、熱を加えてもビタミンCの効果を有効的に働かせることが出来るそうです。また、一緒に含まれるフラボノイドは、ビタミンCの働きを増強します。

私はこれらのローズヒップの自然の恵みを暮らしに取り入れています。こちらのローズヒップのハチミツ漬けもそのひとつです。材料のローズヒップは、熟した大きな実を選ぶと処理が楽です。ローズヒップを半分に切り、中に詰まっている種子や白毛を取り除いたら瓶に入れ、ハチミツを注いで約2週間漬けて出来上がりです。そのまま頂いたり、紅茶に入れて頂いています。

ローズヒップは、気温が下がる12月以降硬くなってきますので、なるべくその前に摘み取って作るようにしています。

コーネリア（HMsk） 1925年 イギリス J.pemberton作出 四季咲き性

12月

16日

コーネリア

しなやかに伸びた枝先に、愛らしいセミダブルの花を房咲きに咲かせます。花はムスクの香りがして、アプリコットピンクの花色と紫の新枝がとても綺麗にマッチします。アプリコットやオレンジの大輪のバラとの相性が良く、隣に植えると、互いに引き立て合い心地よい景観を作ってくれます。

フェンス仕立てに向き、春も秋も花をたくさん咲かせてくれます。

12月

17日

マイ・スモール・ガーデン

自分で選んだバラが植えられているマイ・スモール・ローズガーデン。現在、バラは世界で約2万品種以上あるといわれています。その中から自分が選んだバラは、やはり「ご縁があったバラ」というべきでしょう。

バラの好みは様々です。バラは、それぞれの人に選ばれて、選んだ人の庭やベランダで生きていきます。バラがその真価を最大限発揮できるよう、面倒を見るのが選んだ人の役目です。バラの様子を見回りながら、バラが必要としていることを行えば、綺麗な花となって恩返ししてくれるようです。

12月

18日

高島屋のバラ

バラの紙袋や包装紙といえば髙島屋百貨店、という概念が定着しているほど、紙袋や包装紙は百貨店のイメージそのものです。華やかで美しいバラが描かれた紙袋や包装紙に包まれた商品を手に取るだけで、幸福感に包まれます。

髙島屋百貨店がバラを包装紙に採用したのは、日本の戦後復興期の1952年、高度経済成長の兆しが見えるそんな時代でした。日本の伝統的な吉祥文様「宝づくし」が描かれた包装紙に代わって、当時の飯田慶三社長が「美の象徴として愛されるバラを髙島屋の花としたい」と発案、当時人気であった四季咲きのモダンローズの絵が採用され、徐々に髙島屋百貨店のシンボルとして定着しました。その後、1957年、1980年、2007年に、バラの絵柄はリニューアルされ、現代のデザインに至ります。

時代の流れの中での人々のバラの花形等の好み、流行を取り入れたデザインに、時代を敏感に捉えながら現在に至る老舗百貨店の凄みが、紙袋や包装紙からもひしひしと伝わってきます。

12月

19日

リチャード・ジノリ・ローズブルー

イタリアで最初の磁器窯であるリチャード・ジノリは、1735年、カルロ・ジノリ侯爵によって、フィレンツェ近郊ドッチァに創設されました。こちらは、1996年秋に発表のシリーズ「ローズブルー」のティーウェアです。輝くように美しい白磁のリチャード・ジノリ最古のシリーズ「ベッキオホワイト」に、濃淡のあるブルーのバラが描かれています。青いバラが、眩い白の上に描かれて、とても綺麗です。

バラの世界では、育種家さんたちによって、より青に近いブルーローズたちがたくさん作出されていますが、この磁器のような青いバラは、まだ見たことがありません。

12月
20日
バラの用土①

バラを育てる上で、バラの用土はとても大切です。バラは通気性、排水性、保水性、保肥性の良い団粒構造の土を好みます。以前は、バラの苗を庭に植え付ける際には、3か月前から植え付ける場所に穴を掘り、完熟堆肥バケツ1杯、燻炭または炭の小粒1ℓ、骨粉500g、油かす300gを入れ、シャベルでよく混ぜ合わせて土作りをしていました。そして、これらがバラの根に直接触れて発酵熱で根が傷まないよう、掘り上げた土を少し戻し入れ、その上にバラの苗を植え付ける等、手間と時間がかかりました。

現在は、骨粉と油かすを使用せず、根に触れても安心なバラの肥料があります。完熟堆肥バケツ1杯、燻炭または炭の小粒1ℓ、根に触れても安心なバラの肥料（適量）を穴に入れて、掘り上げた土とよく混ぜ合わせ、直ぐに植え付けができるようになりました。

12月
21日
バラの用土②

鉢植えの用土は、赤玉土6：完熟堆肥4に、燻炭または炭の小粒一握り、根に触れても安心な肥料（適量）を入れて、よく混ぜ合わせれば出来上がりです。ブレンドされた市販のバラ専用用土を使用しても良いでしょう。

鉢植えのバラは年に1度、冬に土替えを行うと生育が良くなり、春の花付きも良くなります。土替えができない大きな鉢の場合は、鉢のすぐ内側の用土を、円を描くように取り除き、完熟堆肥と根に触れても安心な肥料をすき込んでおきます。鉢植えからの植え付けは、根を切ったり傷めたりしなければ、一年中できますが、少なからず根を切ってしまう地植えのバラの植え替えや、鉢植えのバラの土替え等は、冬にしか行うことができません。

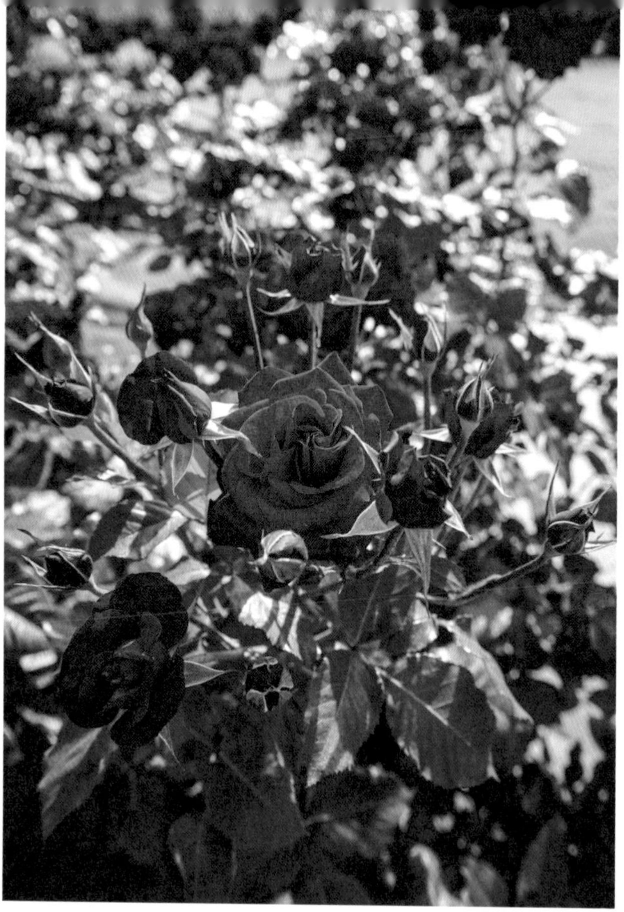

12月

22日

赤いバラ

「赤いバラ」は情熱や愛の象徴として、プロポーズの時のダズンローズ（12本のバラ）や、大切な人の誕生日や記念日等によく贈られます。ギリシャ神話では、美少年アドニスの血、女神アフロディーテの悲しみ、キリスト教では、キリストの血、殉教者の血、聖母マリアの悲しみを表します。また、聖母マリアの愛情や救い、慈悲深さ等とも結び付けられ、イスラム教では、唯一神アッラーの象徴でもあります。

古今東西、「赤いバラ」は重要なシンボル的役割を担ってきたことがわかります。

12月

23日

バラの中の聖家族

手のひらに収まるような大きさの赤いバラのケースを開けると、中には、イエス・キリストが、馬小屋で誕生したシーンの聖家族が入っています。

赤いバラには、様々な象徴性がありますが、この場合はまさにキリスト教の聖母マリアの愛情の中にあるということでしょうか。赤いバラは、聖母マリアそのものでもあるということを表現しているようにも思えます。

12月

24日

聖なる夜は灯りを添えて

暖炉の周囲を庭のバラの花やローズヒップ、コニファーや散歩の時に拾ってきたマツボックリ等で装飾し、毎年クリスマスらしさを演出しています。

バラをたっぷり使用して作ったリースを中央に置き、灯りを添えれば、聖なる夜が一層厳かな雰囲気に変わります。静かな灯りと共に浮かぶシルエットは、自然の恵みへの感謝と、身近にある小さな幸せを再確認させてくれます。

12月

25日

クリスマスにバラがあると

クリスマスのティータイムに、簡単なアレンジでクリスマスの雰囲気が楽しめるよう、バラの花があるととても便利です。クリスマスらしさを演出するには、ポインセチアやバーゼリア、クリスマスホーリー、ローズマリー、キャンドル等が有効です。

バラの花は、冷たい外気の中で花弁もだいぶ硬くなってしまいましたが、季節感が加わりました。

レディ・ヒリンドン（T）　1910年　イギリス　Lowe&Shawyer作出　四季咲き性

12月

26日

レディ・ヒリンドン

　こちらのバラは、ティー・ローズの中でも特に甘く爽やかなティーの香りが強く香ります。まるで、紅茶にたっぷりのお砂糖を入れてかき混ぜた時のような香りに似ています。また、ビワのような花色の花弁は、秋には光沢のある濃淡が現れて、春とはまた違った美しい表情になります。赤紫色の枝は、花色とよくマッチして、お洒落で落ち着いた大人っぽい雰囲気を醸し出しています。

　日本では明治時代に外国から来たバラに和名が付けられましたが、‘レディ・ヒリンドン’は、「金華山」という和名が付けられ流通していました。

12月

27日

ヴィウー・ローズ

このバラの一番の特徴は、艶のある暗い銅葉であり、その葉と赤紫の花色が絶妙にマッチして、シックな中にも、華を兼ね備えたところに大きな魅力を感じます。明らかに他のバラの葉の色より、暗い色に見える葉は、ガーデンのポイント的存在にもなり、花が無い時期でも存在感を発揮します。

ヴィウー・ローズ（HT）　2019年　フランス　デルバール作出　四季咲き性

12月

28日

ヨハネパウロ2世

世界129か国を訪問し、世界平和と反戦のために数々の平和活動を実践されたポーランド出身の第264代ローマ教皇ヨハネ・パウロ2世（1920年5月18日 - 2005年4月2日）に捧げられたバラにふさわしく、半剣弁高芯咲きの花は、純白で壮麗な美しさです。シトラスの爽やかな香りで、強健で花付きが良く、地植えでも鉢植えでも育てやすいバラです。

ヨハネパウロ2世（HT）　2008年　アメリカ　Jackson & Perkins作出　四季咲き性

12月

29日

ポンパドゥール夫人

銀行家の娘として平民の家に生を受けたポンパドゥール侯爵夫人ことジャンヌ＝アントワネット・ポワソン（1721年12月29日 - 1764年4月15日）は、「陶器のような白い肌に、バラ色の頬」と例えられた美貌の持ち主でした。幼い頃「いつか国王の寵姫になられます」と予言された彼女は、密かにその機会を狙っていたともいわれています。

別荘のあったセナールの森に、ルイ15世が狩りに訪れていることを知ったポンパドゥール夫人は、ルイ15世を待ち伏せし、馬車で通り過ぎる等で関心を惹きつけました。仮装舞踏会では、女神ディアナの格好でルイ15世に近付き、遂に1745年、寵姫の座を射止めることに成功しました。彼女はその立場を最大限に利用して、多くの宮殿を建てさせ、贅沢な暮らしを楽しんだと言われています。また教養のある彼女は、政治に無関心なルイ15世に代わり政治や外交の舞台にも登場していきます。さらに、芸術分野の発展のため芸術家や知識人を支援したり、パリ東部にあった1738年設立のヴァンセンヌ窯を、1759年にセーヴルに移転させ、翌年には、セーヴル窯をフランス王立窯に指定し発展させました。

ルイ15世の関心を惹き続けるために様々な策略を行使しながらも、結核に罹り42歳にしてこの世を去ります。「プチ・トリアノン」は、ルイ15世がポンパドゥール夫人のために建てたものでしたが、完成を見ることは叶いませんでした。

優美なロココ時代を代表する貴婦人として君臨したポンパドゥール夫人は、その後のフランス革命の混乱を見ることなく、王侯貴族にとって良い時代を生きたひとりとして後世に名を残しました。

12月

30日

和の雰囲気を楽しむ

南部鉄器を花器に見立てて、庭からバラを摘んで挿してみたら、どことなく和の雰囲気が。年末からお正月にぴったりです。バラは、春～秋、冬にかけて咲き続ける丈夫なノワゼット・ローズの‘クレパスキュール’(N)。黒い鉄器に、バラの花色がとても映えます。

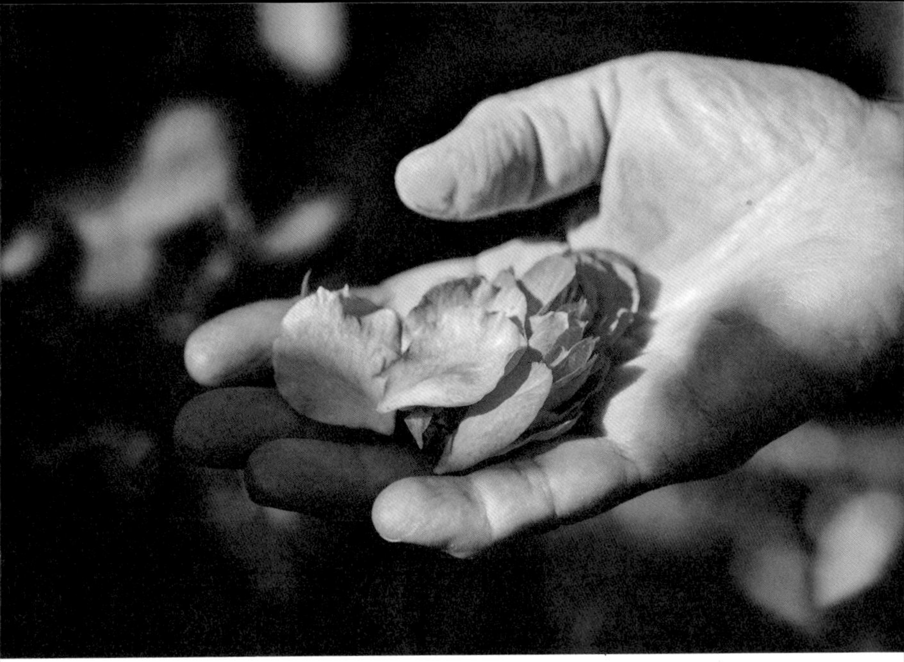

12月

31日

一期一会のバラ

バラはたとえ同じ品種であっても、季節や環境等で、花色や花径に違いが生じます。また、我が家で見るのと、旅先で見るのとでは、違った雰囲気に見えてくるから不思議です。さらに、見る側の心の在り方によっても、目に映るバラに違いが生じるようです。

同じ日が無いのと同じように、同じ場所が無いのと同じように、同じ人間がいないのと同じように、バラもまた違っています。目の前のバラは、一期一会のバラなのです。

おわりに

まさか365日のバラの記事を書くなんて、「無理」と思っていました。

ですが、バラは目の前に在り、世の中には予想を超えてバラがたくさん存在していました。
それは植物のバラに限らず、それ以外の形のバラの存在の多さでした。

植物であるにも関わらず、植物以外の様々な姿に変わり、人々の暮らしに溶け込んでいるバラの姿を見ると、改めてバラが生活に寄り添い、欠かせない存在となっていることを実感しました。

これは、人々がバラと共に在りたいと思う本能からではないでしょうか。

一緒だと、嬉しい、心地良い、心が安らぐ、明るく前向きになれる他、生活の中にバラを取り入れることが、人々の心にプラスになると多くの人が知らず知らずの内に、認めているからではないでしょうか。

ギリシャ、ローマ時代には、貴族の邸宅には「壁画」という形で、バラが存在していました。

現代ではもっと身近に、身に付けられるアクセサリーや日常着、様々なファブリックにもバラが存在しています。

それほど現代の人々に愛されるバラですが、歴史の中では存在を否定された時期もありました。日本では戦時中、バラは敵国の花であると言われ、表立ってバラを育てることは出来なかったのです。また食料難になると、鑑賞用の植物は二の次、三の次の存在とならざるを得ません。物資も不足し、様々なお洒落も出来なくなってしまいました。

現在、世界を見渡して見ると、戦争や紛争が行われている地域がいくつかあり、きっとバラどころではないだろうと思えて悲しくなってしまいます。

戦争や紛争地域には、歴史上バラとの関わりが深い大切な地域もあり、かつてはそこにバラが咲き誇っていたのではないかと想像し、また悲しくなってしまいます。
人々の争いが無く、平和で安全な地域であれば、バラの歴史を辿る旅に出かけたいものですが、それはいつになったら叶うでしょうか。

人々にとって、今やなくてはならない程のバラの存在を今後も守っていくには、まず平和であることが大切なことなのです。

誰もがバラの美を心ゆくまで堪能し、バラのパワーを受け取りながら、明るく前向きに、日々を送って行くことが出来る世の中となりますように。

元木はるみ

索引

品種

園芸

アレンジメント

庭仕事

食

アイテム

歴史／文化

参考文献

『イギリス王立園芸協会が選んだバラ2000 バラ大図鑑』
（チャールズ＆ブリジット クエスト＝リトソン著、小山内健監修／主婦と生活社／ 2019年）

『図説　バラの世界』
（大場秀章著／河出書房新社／ 2012年）

『マリー・アントワネットの植物誌』
（エリザベット・ド・フェドー著、アラン・バラトン監修、川口健夫訳／原書房／ 2014年）

『歴史の中の植物』
（遠山茂樹著／八坂書房／ 2019年）

『バラ油』
（ジュリア・ローレス著、高山林太郎訳／フレグランスジャーナル社／ 1997年）

『薔薇　日本テキスタイルデザイン図鑑』
（永田欄子著／誠文堂新光社／ 2018年）

『絵図と写真でたどる 明治の園芸と緑化』
（近藤三雄、平野正裕著／誠文堂新光社／ 2017年）

『オールドノリタケ×若林コレクション アールヌーヴォーからアールデコに咲いたデザイン（展覧会図録）』
（金子賢治、芦刈歩、飯田将吾、萩原英子、大塚保子著、芦刈歩、クリストファー・スティヴンズ訳／東京新聞／ 2022年）

『アフターガーデニングを楽しむバラ庭づくり』
（元木はるみ著／家の光協会／ 2014年）

『ときめく薔薇図鑑』
（元木はるみ著／山と溪谷社／ 2018年）

『ちいさな手のひら事典　バラ』
（ミシェル・ボーヴェ著、元木はるみ監修、ダコスタ吉村花子訳／グラフィック社／ 2019年）

『バラの物語 いにしえから続く花の女王の運命』
（ピーター・E.クキエルスキー、チャールズ・フィリップス著、元木はるみ監修、ダコスタ吉村花子訳／グラフィック社／ 2022年）

『別冊NHK趣味の園芸 バラ大図鑑 』
（上田善弘、河合伸志監修／NHK出版編／NHK出版／2014年）

協力

Antiques Violetta代表 青山櫻／生田緑地ばら苑／内山美穂／ Cafe Patisserie Un Petit Chou河野秀子／株式会社Flos Orientalium代表 浦辺苳子／ Sakurabloom sweets主宰 長嶋清美／Tea Mie紅茶でおもてなし教室主宰 坂井みさき／ナショナル・トラストサポートセンター理事 徳野千鶴子／武蔵野バラ会ミニバラ盆栽愛好会会長 大和田宏次／

元木はるみ（もときはるみ）

バラの文化と育成方法研究家。日本ローズライフコーディネーター協会（JRLS）代表。バラの歴史や文化、暮らしに活用する方法を、カルチャースクールや自宅サロン、イベント、雑誌、新聞、テレビ、ウェブサイトなどで紹介している。著書に『ときめく薔薇図鑑』（山と溪谷社）など。

装丁　久保多佳子

撮影　市瀬真衣

P4-6,10-12,14-16,18,19,23,24,26-30,35,36,38,44,45,48,54,56,62,63,65-67,70,71,74,76下,80-83,87,92,93,95,96,98,99,103-105,107,112-115,116下▼117,118,120,122,125,126,128,129,133,134,136-138,142,143,146-149,152,158,162,166,170,171,174,181,182,187,190,191,194,204,206上▲207,208,209,211下▼214,215,220,223-225,233,236,242-244,248,251,254,255,257,261下▼263下▼265,270,272,273,275,280,286,288,289,290,291,294,295,297,299,300,304,311,317,319,332,338,344,346,348-351,353-355,363,366,367,370,371上▲373,375,376

元木はるみ

P9,13.15,17,20,22,25,31,32,33,37,39-43,46,47,50-53,55,57-61,68,69,72,73,76-79,84-86,88,90,94,97,100-102,106,108-111,116上▲119,121,124,127,130,131,132,139,140,141,145,150,152上▲153-157,159-161,163-165,167-169,172,173,175-180,184-186,187下▼189,192,193,196-202,205,206下▼210,211上▲212,213,217-219,221,222,224,226-228,230,231,232,234-235,238-241,246,247,249,250,252,253,256,258-264,266-268,271,276,277,279,281,282-285,287,292,293,296,298,301-303,307-310,313,315,318,320-331,334-337,339-343,345,347,352,357,358,360,-362,364,365,368,369,371下▼374

育てる、愛でる、語る

薔薇ごよみ365日

2024年4月15日　発　行　　NDC793

著　　者　元木はるみ

発 行 者　小川雄一

発 行 所　株式会社 誠文堂新光社

〒113-0033 東京都文京区本郷 3-3-11

電話 03-5800-5780

https://www.seibundo-shinkosha.net/

印　　刷　株式会社 大熊整美堂

製　　本　和光堂 株式会社

ISBN978-4-416-62379-4